これだけ覚える '24年版

衛生管理者

第1種 第2種

JN016206

成美堂出版

　常時50人以上の労働者が働いている事業場では、労働者の人数に応じて衛生管理者を選び、衛生面に関するさまざまな事柄を管理させることが必要です。最近では、うつ病に代表されるメンタル不調者が増えているため、社員の休職・復職などをサポートすることなど、企業の中で衛生管理者が果たすべき役割はとても大きなものとなっています。

　衛生管理者免許には、第1種と第2種の2区分があります。第1種衛生管理者免許を取得すればすべての業種の事業場で、第2種衛生管理者免許を取得すれば金融業・保険業など一定の業種の事業場で、衛生管理者となることができます。

　本試験では、「関係法令」「労働衛生」「労働生理」の3科目について問われます。「関係法令」と「労働衛生」は、さらに有害業務以外(共通)と有害業務に分かれます。「関係法令」と「労働衛生」の有害業務について問われるのは、第1種試験のみです。

　具体的には、第2種試験では、「関係法令(有害業務以外)」10問、「労働衛生(有害業務以外)」10問、「労働生理」10問の合計30問が出題されます。第1種試験では、「関係法令(有害業務)」10問、「関係法令(有害業務以外)」7問、「労働衛生(有害業務)」10問、「労働衛生(有害業務以外)」7問、「労働生理」10問の合計44問が出題されます。

　第1種・第2種どちらの試験においても、合格するためには各科目4割以上、かつ合計6割以上の正答が必要です。

　本書は、第1種・第2種両方で問われる試験範囲について、「試験対策のポイント」と「問題&解答解説」という2つのブロックに分けて構成しています。

　まず、「試験対策のポイント」では、最低限これだけ押さえれば合格できるという内容をまとめました。通常のテキストではばく大な量の知識を詰め込まないといけませんが、長時間の学習時間を捻出することができない方もいらっしゃるでしょう。そこで本書では、あまり出題されない項目や合否に影響しない箇所は思いきって割愛しています。

　次に、「問題&解答解説」では、基本的に過去に出題された問題をもとに、一問一答形式で出題しています。本試験は、過去問題と似た問題が頻繁に出題される傾向があるためです。繰り返し何度も解くことで、試験で問われる内容を自然に覚えられるでしょう。

　本書をご活用いただき、1人でも多くの方が衛生管理者試験に合格されることを心よりお祈り申し上げます。

村中 一英

もくじ

本書の使い方

本書は、第1種・第2種衛生管理者試験によく出る内容を、一問一答形式で学びやすくまとめた問題集です。第1種・第2種共通の試験科目である「労働生理」「関係法令(共通)」「労働衛生(共通)」と、第1種のみの「関係法令(有害)」「労働衛生(有害)」の5章に分けています。持ち運びしやすい大きさですので、移動中の学習や試験直前のおさらいなど、さまざまな場面でご活用ください。

問題

過去問題からの出題
基本的に過去の試験問題から問題を作成しています。

新傾向 マーク

最近の試験で出題された新傾向の問題です。新たな傾向をつかむために、解いておきましょう。

必須 マーク

出題頻度が高い問題です。時間がないときなどは、優先的に取り組んで効率よく学習してください。

チェック欄

最低3回は、本書を通して学習しましょう。正解した問題は□内にチェック印をつけて、「3回正解するまでチャレンジする」などのように活用してください。

---

4 労働衛生(共通) 問題&解答解説

Q031 インフルエンザウイルスにはA型、B型、C型およびD型の4つの型があるが、流行の原因となるのは、主として、A型およびB型である。

Q032 厚生労働省の「情報機器作業における労働衛生管理のためのガイドライン」に基づく措置では、ディスプレイ画面上の明るさと周辺の明るさはなるべく小さくすることとされている。

Q033 ディスプレイを用いる場合の書類上とキーボード上における照度は、300ルクス以上になるようにする。

Q034 ディスプレイは、おおむね30cm以上の視距離が確保できるようにし、画面の上端が眼と同じ高さか、やや下になるようにする。

Q035 情報機器作業については、一連続作業時間が1時間を超えないようにし、次の連続作業までの間に10〜15分の作業休止時間を設け、一連続作業時間内において1〜2回程度の小休止を設けるようにする。

Q036 情報機器作業健康診断は、一般健康診断を実施する際に、あわせて実施してもよい。

Q037 1日の情報機器作業の作業時間が4時間未満である労働者については、自覚症状を訴える者についてのみ、情報機器作業に係る定期健康診断の対象としてもよい。

212 ディスプレイを用いる場合の書類上およびキーボード上は300ルクス「以上」を押さえておきましょう。

---

① 試験対策のポイントで、科目ごとの重要部分を学習

科目ごとに、覚えておきたい知識・情報をまとめています。重要語句が覚えやすいゴロ合わせも用意しました。チェック欄もあるので、赤シートを活用して、ちゃんと覚えたか3回は確認してみましょう。

② 一問一答で問題にチャレンジ

左ページの問題を解きましょう。正解・不正解にかかわらず、赤シートで隠して解説を読み、より多くの知識を学んでください。

チェック欄

1種/2種

A031
○

インフルエンザや普通感冒の代表的な感染経路は、感染源の人が咳やくしゃみをして、唾液などに混じった病原体が飛散することにより感染する飛沫感染であることも押さえておこう。

A032
○

また、ガイドラインでは、書類およびキーボード面における明るさと周辺の明るさの差もなるべく小さくすることとされている。

A033
○

書類やキーボード上の照度は、おおむね300ルクス以上とされている。

A034
✕

ディスプレイは、おおむね40cm以上の視距離が確保できるようにし、ドライアイをふせぐために画面の上端が眼と同じ高さ、やや下になるようにする。

A035
○

設問のほか、情報機器作業では、ほかの作業を組み込むことやほかの作業とのローテーションを実施するなどして、一連続作業時間が短くなるような配慮が必要となる。

A036
○

情報機器作業健康診断は、作業区分に応じて1年以内ごとに1回定期に行い、さらには医師が必要と認める時期に行う。

A037
○

情報機器作業従事者に係る定期健康診断には、眼精疲労を中心とする自覚症状の有無の検査、視力・調節機能などの眼科学的検査のほか、業務歴、既往歴、筋骨格系に関するものなどがある。

情報機器作業健康診断の項目は、190〜191ページ「情報機器作業時の労働衛生管理」を参考にしてください。　213

PART④ 労働衛生（共通）

①食中毒／②その他

解答

1種/2種

第1種、第2種どちらの試験で出題されるかを示しています。

解説

赤字は試験で問われることも多い重要な用語です。赤シートで隠して学習し、関連する用語も幅広く覚えてください。

試験合格への道！

得点アップのために必要な、問題に関連した知識・情報の覚え方をまとめています。問題を解いたあとに読み、効率よく学習しましょう。

※本書は、原則として2023年12月時点での情報に基づいて構成、編集されています。

労働生理 1種/2種

●身体の各器官、臓器について出題されます。幅広い内容ですが、ここ数年は腎臓、肝臓、循環器系の総合問題が出題されています。個々の臓器のみではなく、横断的な理解力が問われます。

●心臓と肺、血管の模式図を描けるようにしておくと、循環器系の問題、総合問題に対応できるので、得点をアップできます。

■1 人体組織および機能

1 循環器系　　　　　頻出度 ★★★

①心臓の構造と血液循環　☑ ☑ ☑

心臓の構造は**左心房**(右上)、僧帽弁、**左心室**(右下)、**右心房**(左上)、三尖弁、**右心室**(左下)と、上部に「房」があり下部に「室」がある。左右の心房と心室は同時に収縮・拡張を反復する(拍動)。1分間における拍動を**心拍数**といい、成人では**60～80回**/分が平均値とされている。

心臓のポンプ作用によって血液は全身に送られ、心臓に戻ってくる。心臓から出ていく血管を**大動脈・肺動脈**といい、身体の各組織および肺から心臓へと戻る血管を**大静脈・肺静脈**という。肺静脈・大動脈には**動脈血**が、大静脈・肺動脈には**静脈血**が流れている。

CHECK! 心臓の構造と血液循環

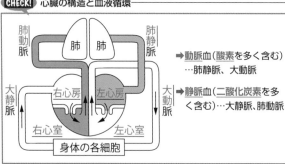

➡動脈血(酸素を多く含む)
　…肺静脈、大動脈

➡静脈血(二酸化炭素を多く含む)…大静脈、肺動脈

得点を上げるゴロ 動脈血・静脈血
道産子は静かに！
動脈血は酸素、静脈血は二酸化炭素を多く送る

②心臓のはたらき ☑ ☑ ☑

心臓もほかの臓器も、自律神経（**交感神経**と**副交感神経**）の支配を受ける。**交感神経**は運動時などに心臓のはたらきを促進し、**副交感神経**は休息時に心臓のはたらきを抑制する。心臓自体は、大動脈の起始部から出る**冠状動脈**によって**酸素**や**栄養素**の供給を受けている。

③血液の循環 ☑ ☑ ☑

左心室から出て大動脈を通り、身体の各器官から大静脈を通じて右心房へと戻ってくる血液循環を**体循環**という。右心房に戻った血液が右心室から肺動脈を経て肺に入り、左心房へと戻る血液循環を**肺循環**という。

CHECK! 体循環と肺循環

循環名	循環順路
体循環（大循環）	左心室→**大動脈**（酸素が多い）…全身…**大静脈**（酸素が少ない）→右心房→右心室 ⇒ 肺循環へ
肺循環（小循環）	右心室→**肺動脈**（酸素が少ない）…肺…**肺静脈**（酸素が多い）→左心房→左心室 ⇒ 体循環へ

2 血液系　　　　　　　　　　頻出度 ★★★

①血液の組織と機能 ☑ ☑ ☑

人体の血液量は体重のおよそ**13**分の1～**10**分の1を占める。内容は液体成分と有形成分とに分けられ、液体成分（血漿）は約**55**%、有形成分は約**45**%となっている。

CHECK! 血液の成分

肺循環
牛は移動、ハイハイ上手でささっと逃げる。
右心室→肺動脈→肺→肺静脈→左心房→左心室

7

②有形成分 ☑ ☑ ☑

血液の45%を占める有形成分の構成は、下表のようになる。

白血球の一種であるリンパ球には細菌や異物を認識する**Tリンパ球**と、抗体を産生する**Bリンパ球**とがあり、これらが免疫反応に関与している。**ヘマトクリット**とは血液の容積に対する**赤血球**の相対的容積をいい、男性で**45%**、女性では**40%**となる。

CHECK! 有形成分の構成

成分	割合	寿命	作用	男女差
赤血球	40%	120日	ヘモグロビンが酸素を運搬し組織に供給。	男性のほうが多い
白血球	0.1%	一般に3～4日以内	細菌やウイルスなどの異物を攻撃して排斥。	なし
血小板	4.9%	約10日	動脈血中に多く含まれ、止血作用をもつ。	なし

③液体成分 ☑ ☑ ☑

液体成分は**血漿**とも呼ばれ、アルブミン、**グロブリン**、フィブリノーゲンといったたんぱく質が含まれている。このうち、**グロブリン**は免疫物質の抗体を含む。

血液の**凝集反応**とは、任意の2人の血液を混ぜることで、一方の赤血球中にある**凝集原**と他方の血清中にある**凝集素**とが反応することをいい、いわゆる輸血時の血液不適合の状態である。また血液の**凝固**とは、血漿に含まれるフィブリノーゲン(線維素原)がフィブリン(線維素)に変化する現象をいい、出血したら血が止まる状態のことである。

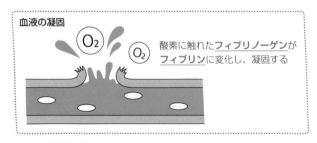

血液の凝固

O_2 O_2

酸素に触れた**フィブリノーゲン**が**フィブリン**に変化し、凝固する

得点を上げる**ゴロ** 凝集反応
元素が反応、ふてくされる。
凝集原と凝集素が反応すると血液不適合状態になる

3 呼吸器系 頻出度 ★★★

①肺 ☑ ☑ ☑

呼吸は肺の収縮・膨張によって起こる運動だが、これは**呼吸筋**と横隔膜の**協調運動**による運動であり、肺自体が動くのではない。

呼吸には**外呼吸**と**内呼吸**とがあり、呼吸時に肺内に取り込まれる空気を**吸気**といい、体内から排出される空気を**呼気**という。

呼吸運動をつかさどる呼吸中枢は脳の**延髄**にあり、血液中の**二酸化炭素**濃度が増加すると刺激されて呼吸数が増加する。

CHECK! 呼吸運動

		仕組み
呼吸の種類	外呼吸	肺の内部で、空気中の酸素と血液中の<u>二酸化炭素</u>を交換することをいう。
	内呼吸	全身の毛細血管と各細胞組織との間で行われる、酸素と二酸化炭素を交換する組織呼吸のことをいう。
呼吸	吸気	胸郭内容積が増し（胸腔が広がり）、内圧が低くなって鼻腔や気道を経て肺内へ流れ込む空気のこと。
	呼気	胸腔が締め付けられることにより内圧が高くなり、肺の中から外へ押し出される空気のこと。

4 運動器系 頻出度 ★★★

①筋肉の種類 ☑ ☑ ☑

筋肉には大きく分けて**横紋筋**（骨格筋）と**平滑筋**がある。骨に付着している横紋筋は意志によって動かすことのできる**随意筋**、それ以外の筋肉は意志によって動かすことのできない**不随意筋**である。心筋は横紋筋であるが**不随意筋**である。

CHECK! 筋肉の種類

名称		仕組み
横紋筋	骨格筋	<u>随意筋</u>、運動神経の支配。
	心筋	**不随意筋**、自律神経の支配。
平滑筋	内臓筋	**不随意筋**、自律神経の支配。

 得点を上げるコロ　骨格筋
高価な頭巾づくり、運針もハイレベル。
骨格筋は随意筋で、運動神経が支配する

②筋肉とエネルギー ☑ ☑ ☑

筋肉の収縮には、2種類ある。この筋肉の収縮には、**ATP（アデノシ**
ン三リン酸）の加水分解によって得られるエネルギーが用いられる。

また、グリコーゲン（筋肉や**肝臓**に存在）は、**酸素**が十分に与えられる
と完全に分解し、最後は水と**二酸化炭素**になり大量の**ATP**を供給する。

一方、酸素が不足するとグリコーゲンは完全に分解されずに**乳酸**を発
生させる。これが筋肉の疲労現象の原因となる。筋肉は神経から送られ
てくる刺激によって収縮するが、神経に比べて**疲労**しやすい。なお、筋
肉は運動することによって太くなるが、これを筋肉の**活動性肥大**という。

収縮とは異なり、筋肉には、刺激に対して、意識とは無関係に定型的
な反応が起こる。これは**反射**といい、最も単純な反射に**膝蓋腱反射**など
の伸張反射がある。

CHECK! 筋肉の収縮

```
           ┌ 等張性収縮      ┌ 短縮性収縮：下にある物を持ち上げる
           │ 筋肉の長さを変   │
筋        │ えて、筋力を発   └ 伸張性収縮：上にある物を下ろす
肉        │ 生させる
の
収        │ 等尺性収縮
縮        └ 筋肉の長さを変
             えずに、筋力を
             発生させる（直
             立の姿勢）
```

③筋肉の仕事 ☑ ☑ ☑

筋肉の最大力・仕事量・効率は、**ATP**の供給タイミングが関わっている。

CHECK! 筋肉と仕事

引き上げること のできる重さ	筋肉の太さ（筋線維の**数と太さ**）に比例する。
引き上げること のできる高さ	筋肉の長さ（筋線維の**長さ**）に比例する。
<u>最大力</u>	筋肉が<u>収縮</u>しようとする瞬間。
<u>仕事量</u>	負荷する<u>重さ</u>が適当なときに仕事量が最大となる。
<u>仕事の効率</u>	収縮の<u>速さ</u>が適当なときに効率が一番大きい。

 得点を上げる
ゴロ　反射
半人前の社員、無意識に室外犬飼う。
　　反射として無意識に起こるのが膝蓋腱反射

5 消化器系 　頻出度 ★☆☆

①胃・小腸・大腸 ☑☑☑

小腸の内壁には絨毛(突起)があり、これによって表面積が大きくなり、栄養素を効率よく吸収できる。この腸壁で吸収された栄養素のうち、ブドウ糖とアミノ酸は、血液によって肝臓へ運ばれる。

CHECK! 5大栄養素の吸収

栄養素	消化酵素による分解後の物質	吸収
炭水化物	ブドウ糖	①小腸の腸壁で吸収される。 ②肝臓でグリコーゲンとして貯蔵される。
たんぱく質	アミノ酸	小腸の腸壁で吸収される。
脂質	脂肪酸 モノグリセリド	①十二指腸で胆汁と混ざり乳化する。 ②小腸の腸壁で吸収される。
ビタミン	分解されない	小腸の腸壁、一部は大腸で吸収される。
無機質		

②肝臓 ☑☑☑

肝臓の主なはたらきは、下表の通りである。

CHECK! 肝臓の主な機能

作用	はたらき
消化作用	胆汁(アルカリ性)の分泌、1日500〜1,000mL。
代謝作用	①グリコーゲンの生成・分解。 （ブドウ糖 ⇔ グリコーゲン） ②アルブミンなどの血漿たんぱくの生成。 ③アミノ酸からたんぱく質を合成。 ④脂肪酸の分解およびコレステロールの合成。
血液量の調整作用	血液を貯蔵。
解毒作用	血液中の有害物質を分解したり、無害な物質に変えたりする作用。

得点を上げる ゴロ 3大栄養素の分解
スイカとブドウで、色白のみのさん資産をやり繰り。
炭水化物→ブドウ糖、たんぱく質→アミノ酸、脂質→脂肪酸・モノグリセリド

6 腎臓・泌尿器系

①腎臓・泌尿器 ☑ ☑ ☑

腎臓は、表面の**皮質**と深層の**髄質**とに分かれている。皮質には**腎小体**と髄質に下降する**尿細管**があり、1つの腎小体とそれに続く1本の尿細管を**ネフロン**（腎単位）という。この**ネフロン**は1つの腎臓中に約**100万**個あり、尿の生成に関与している。

腎小体は毛細血管が集合体となった**糸球体**と、これを包み込むように位置している**ボウマン嚢**（糸球体嚢）から構成されている。**ボウマン嚢**では、血液中の**血球**と**たんぱく質**を除く成分がこし出されて**原尿**が生成される。尿細管では原尿に含まれる大部分の**水分**、**電解質**、栄養物質が血液中に再吸収される。

原尿のうち尿細管で再吸収されなかった成分が尿となり、**腎盂**を経て膀胱から排泄される。

CHECK! 腎臓の構造 ―――――――

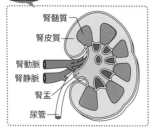
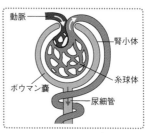

②尿の生成 ☑ ☑ ☑

尿は、以下のような流れを経て生成される。尿の**95**％は水、**5**％は固形物で構成され、通常は**弱酸性**を呈する。

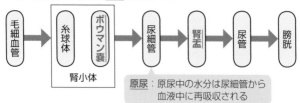

原尿：原尿中の水分は尿細管から血液中に再吸収される

得点を上げる ゴロ 腎臓
地蔵に100万の値札。
腎臓には、約100万のネフロンがある

CHECK! 血液から尿へ

老廃物	糸球体から原尿中にこし出される。
血球、たんぱく質	血球、たんぱく質は分子が大きいため、ボウマン嚢を通過できず、毛細血管へ戻される。
グルコース（糖の一種）	糸球体からボウマン嚢にろ過されて原尿になる。
血球、たんぱく質以外の成分	
電解質	尿細管において血液中に再吸収される。

③尿検査項目とその結果 ☑ ☑ ☑

尿検査からは、さまざまな疾患やその兆候がわかる。以下のほか、腎機能が低下すると血液中の尿素窒素の値が高くなる。

尿検査項目	原因となる病気
尿たんぱく（陽性）	腎臓や膀胱、尿道の病気。慢性腎炎、ネフローゼ、糖尿病性腎症など。
尿糖（陽性）	糖尿病、腎性糖尿。腎性糖尿は、血糖値が正常でも腎機能の異常で糖が漏れる状態。
尿潜血（陽性）	尿中に赤血球が混入。腎炎、膀胱炎、尿路結石、腎臓や膀胱の腫瘍など。

7 神経系　　　　　　　　　　頻出度 ★★☆

①神経系の組織 ☑ ☑ ☑

神経系は、中枢神経系（脳と脊髄）と末梢神経系（体性神経と自律神経）とに区分される。神経系を構成する基本的単位（細胞体＋線維）をニューロン（神経細胞）という。

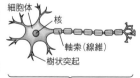

細胞体が多数集合した部分 ＝ 灰白質（大脳の外側の皮質や脊髄の中心部）

線維が多い部分 ＝ 白質（大脳の内側の髄質や脊髄の外側）

細胞体　核　軸索（線維）　樹状突起

ニューロン（神経細胞）

得点を上げる ゴロ 尿
石炭は儲けが戻る。
赤血球・たんぱく質は毛細血管に戻る

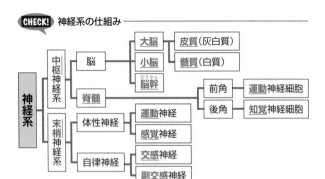

②中枢神経系 ☑ ☑ ☑

中枢神経系は、脳と脊髄からなる。

脳の外側に位置する**大脳皮質**は感覚や運動、思考などの作用を支配する中枢としての機能を持つ。この大脳の内側は、**大脳辺縁系**と呼ばれる部位により情動、意欲、記憶や**自律神経**の活動に関わる。

脊髄は延髄から延びる脳の突起物で、**運動系**と**知覚系**の神経の伝導路としてはたらく。左右に出る31対の**末梢神経**（脊髄神経）の**前柱**（前角）には**運動神経細胞**があり、ここから運動神経が筋肉へ送り出される。一方、脊髄神経の**後柱**（後角）には**知覚**神経細胞があり、末梢から送られる感覚を伝える。

CHECK! 脳の構造とはたらき

構成	部分	機能	損傷による障害
大脳	**前頭葉 後頭葉 頭頂葉 側頭葉**	運動・感覚・記憶・思考・意志・感情を支配	**運動性失語**、**聴覚性失語**、失読症。
脳幹	**間脳 中脳 橋 延髄**	呼吸中枢・心臓中枢・体温維持中枢	生命維持のための**中枢**機能を持つ部分であり、特に**延髄**の損傷は死に至ることもある。
小脳	―	運動および平衡感覚の中枢	運動**失調症**による歩行困難や複雑な動きができなくなる。

得点を上げるゴロ 脳幹
缶チューハイで、今日は宴会の幹事。
間脳・中脳・橋・延髄で脳幹

③末梢神経系　☑ ☑ ☑

末梢神経は、**体性**神経と**自律**神経からなる。さらに自律神経は**交感神経**と**副交感**神経からなり、呼吸や循環・消化など生命維持に必要な作用を無意識・**反射的**に調整している。

なお、自律神経は脳幹と**脊髄**に中枢があり、内臓や血管などの**不随意筋**に分布する。交感神経も副交感神経も同じ器官に分布するが、作用は正反対で、**交感**神経は昼間に活発にはたらき、**副交感**神経は夜間に活発にはたらく。これを**サーカディアンリズム**という。

CHECK! 末梢神経系

体性神経	感覚神経	感覚器からの刺激を脊髄などの中枢に伝える神経。
	運動神経	中枢からの命令を運動器官に伝える神経。
自律神経	交感神経	昼間や体が活発にはたらいているときに作用。
	副交感神経	夜間やリラックス時に作用。

8　内分泌・代謝系・BMI　　　　　頻出度 ★☆☆

①内分泌系　☑ ☑ ☑

人間は、**ホルモン**を分泌することにより、身体の恒常性(**ホメオスタシス**)を保っている。このホルモンには、さまざまな種類がある。

CHECK! 主なホルモンの種類

分泌物質	内分泌器官		はたらき
ノルアドレナリン	副腎	副腎髄質	血圧上昇、血管収縮。
アドレナリン			血糖値上昇、心拍数の増加。
コルチゾール		副腎皮質	グリコーゲン合成促進。
アルドステロン			血中の塩類バランス調整。
インスリン	膵臓		血糖値低下。
グルカゴン			血糖値上昇。
メラトニン	脳(松果体)		体内時計の調節。

得点を上げる ゴロ アドレナリン
侮れない福神漬けで心配が増える。
アドレナリンは副腎髄質から分泌され、心拍数を増加させる

15

これらのホルモンの中でも、相反するはたらきをするアドレナリンとインスリンについて押さえておきたい。

CHECK! アドレナリンとインスリン

アドレナリン

分泌腺：<u>副腎髄質</u>（筋労作時やストレス時）

作　用：<u>グリコーゲン</u>を<u>ブドウ糖</u>に変える。

⬇

不足すると<u>血糖値低下</u>

インスリン

分泌腺：<u>膵臓</u>

作　用：<u>炭水化物</u>の代謝を調節。<u>血糖</u>を酸化して血液中の糖分を調整。

⬇

不足すると<u>血糖値上昇</u>

②代謝系 ☑ ☑ ☑

エネルギー代謝とは、食物によって摂取した栄養素をもとにして、体脂肪などをエネルギーとして体内に<u>貯蓄</u>（同化）したり、それを分解したりしてエネルギーを<u>発生</u>（異化）させるシステムをいう。

代謝は生命を維持するうえで必要なものであり、生活の状態によってその代謝量は変わるものの、常に行われている作業である。

CHECK! 代謝の種類

代謝名	内容
<u>基礎</u>**代謝**	①<u>覚醒</u>時（目が覚めている）、②<u>横臥</u>（おう が）時（横になっている）、③<u>絶対安静</u>時における心臓の拍動・呼吸・体温保持など、生命維持に必要なエネルギー代謝。
	年齢や性別によって異なる（女性は男性より低い）が、<u>同性・同年齢</u>であれば、ほぼ体表面積に<u>比例</u>する。
睡眠時代謝	通常の代謝より<u>5〜10</u>%低くなる。
安静時消費代謝	じっと座っているなど安静時の消費エネルギー量のこと。基礎代謝の<u>1.2</u>倍になる。

16

得点を上げるゴロ インスリン
水曜は飲酒して決闘しても常勝。
膵臓から出る<u>インスリン</u>が不足すると、<u>血糖値</u>が<u>上昇</u>する

エネルギー代謝率（RMR）は、作業（仕事）に要したエネルギー量が、基礎代謝量の何倍にあたるかを表す数値のことで、以下の計算式で算出できる。しかし、エネルギーをあまり消費しない**精神的**作業や静的筋作業には適用できない。

CHECK! エネルギー代謝率（RMR）

$$RMR = \frac{\left(\begin{array}{c}作業時の\\総消費エネルギー量\end{array}\right) - \left(\begin{array}{c}その時間の\\安静時消費エネルギー量\end{array}\right)}{基礎代謝量}$$

③肥満測定 ☑☑☑

身長と体重との関係から、体重が適正であるかどうかを表す指標が**BMI指数**である。標準値は**22**であり、**25**以上だと肥満とされる。なお算出時は、身長を必ずメートルに直して計算することが重要。

CHECK! BMI指数

$$BMI = \frac{体重（kg）}{身長（m） \times 身長（m）}$$

9 感覚器系　　　　　　　　　　頻出度 ★★★

①視覚 ☑☑☑

視覚は、**瞳孔**から入ってくる光が**虹彩**で調節され、さらに水晶体によって、**網膜**の上に映し出されることで得られる。網膜には**錐状体**と**杆状体**がある。

CHECK! 網膜の仕組み

錐状体	**色**を感じる細胞		
杆状体	明暗を感じる細胞	暗順応	・明るいところから急に暗いところへ ・30分〜1時間
		明順応	・暗いところから急に明るいところへ

眼の構造

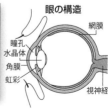

網膜
瞳孔
水晶体
角膜
虹彩
視神経

得点を上げる
ゴロ
肥満判定
ぼくマジイケメン、にっこり笑って「おヒマですか？」
BMI指数では25以上が肥満

網膜上に像がうまく映し出されない場合、以下のような屈折異常が生じている。

CHECK! 近視・遠視・乱視

	状態	原因	構造
<u>近視</u>	遠くの物が見えにくい。	眼球の長軸が**長い**。 →網膜の<u>前</u>で像の焦点が結ばれる。	焦点
<u>遠視</u>	近くの物が見えにくい。	眼球の長軸が**短い**。 →網膜の<u>後ろ</u>で像の焦点が結ばれる。	焦点
<u>乱視</u>	多重に見える。	角膜が歪んでいる。凹凸がある。正しい像を網膜に写せない。	焦点が合わない

②聴覚 ☑ ☑ ☑

耳は、聴覚と<u>前庭感覚</u>（平衡感覚）をつかさどる器官である。**外耳**、**中耳**、**内耳**の３部からなり、音の感知は外耳をはじめ耳全体がその役割を持つが、前庭感覚（平衡感覚）に関わるのは**内耳**である。

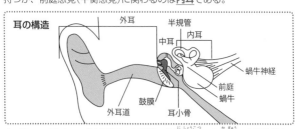

耳の構造

音が伝わる順路は、①**外耳道**、②**鼓膜**、③**耳小骨**、④**蝸牛**、⑤**蝸牛神経**。

得点を上げる **ゴロ** 内耳の機能
前庭での前半戦、カタツムリがちょー格好いい。
<u>前庭</u>感覚は<u>前庭</u>と<u>半規管</u>で感じ、<u>蝸牛</u>では<u>聴覚</u>を得る

CHECK! 耳の各器官のはたらき

外耳		音を集める。
中耳		鼓室の耳小骨によって鼓膜の振動を内耳に伝える。
内耳	前庭	身体の傾きの方向や大きさを感じる。
	半規管	身体の回転の方向や速度を感じる。
	蝸牛（かぎゅう）	聴覚を得る。有毛細胞の変形で騒音性難聴が起こる。

鼓室は耳管によって咽頭に通じており、その内圧は外気圧と等しく保たれている。

健康診断の聴力検査は**1,000**Hz(低音域：日常会話程度)と**4,000**Hz(高音域)の聞こえ方で測定する。**騒音性難聴**とは4,000Hzの振動数の高音から聴こえにくくなる状態で、長時間騒音に**ばく露**されていることによる内耳障害が原因である。騒音ばく露によって生じる聴力低下は、4,000Hz付近から始まり、この聴力低下の型を**C⁵dip(シーゴディップ)**という。Cはドイツ式の音名表記のドの音(ツェー)でC⁵は、ピアノの鍵盤の真ん中のド(C⁴)の次に高いドの音であり、ディップはへこみの意味である。

③嗅覚および味覚 ☑☑☑

嗅覚と味覚は物質の化学的性質を感じるもので、**化学**感覚ともいわれる。嗅覚はわずかな匂いでも感じる半面、同一臭気に対しては**疲労**しやすい(慣れやすい)。

④皮膚感覚 ☑☑☑

皮膚感覚の主なものには触覚、**痛覚**、**温度感覚**がある。**痛覚**点は皮膚に広く存在し、ほかの感覚点に比べて密度が高い(最も多い)。温度感覚には冷覚と温覚とがあり、**冷覚**のほうが**温覚**よりも鋭敏である。

得点を上げる ゴロ 半規管
自販機専門店の開店速報。
半規管は回転の方向と速度を感じる

1 生体恒常性(ホメオスタシス) 〔頻出度 ★★☆〕

①体温調節 ☑ ☑ ☑

外部環境の変化に対して、体温などの内部の状態を一定に保つはたらきは**生体恒常性**(ホメオスタシス)の1つである。

体温調節のための中枢は**間脳視床下部**(かんのうししょうかぶ)にあり、自律神経やホルモンを介して作用する。たとえば、寒冷にさらされると皮膚の血管は**収縮**し、皮膚表面の血液量が減少する。これにより皮膚温は**低下**する。

②産熱と放熱 ☑ ☑ ☑

産熱は体内で産生される熱で、**放熱**は体外へと放散される熱である。

CHECK! 産熱・放熱

産熱 (体内で熱を生み出す)	体温(約37℃)維持	放熱 (体内の熱を放散する)
栄養素の**酸化燃焼**や**分解**などによって行われる。		**ふく射**(放射)・伝導・**蒸発**(気化熱)などによって行われる。

発汗(水分の蒸発)には、体熱を放散する役割を果たす**温熱性**発汗と精神的緊張や感動による**精神性**発汗とがあり、労働時には一般にこの両方が現れる。発汗していない状態でも、皮膚と呼吸器から若干の水分の蒸発がある。これを**不感蒸泄**(ふかんじょうせつ)といい、全放熱量の**25**%を占める。

計算上、体重70kgの人の体表面から100mLの汗が蒸発すると、気化熱で体温を**1**℃下げることができる。水の気化熱は1mLにつき0.58kcal必要である。水100mLが蒸発するには約**58**kcal必要となる。人体の比熱(熱効率)は約**0.83**であるため、体重70kgの人の熱容量は70×**0.83**となり、**58.1**kcalである。これは水100mLを蒸発させる(汗をかく)のとほぼ同じ熱量である。

1℃

気化熱

発汗

得点を上げる ゴロ 体温調節
体調は菅野師匠の株が握る。
体温調節の中枢は間脳視床下部にある

③ 労働による人体の機能の変化

1 ストレス　　　　頻出度 ★★★

①ストレスとストレッサー　☑ ☑ ☑

　ストレスとは、外部からの刺激(**ストレッサー**)に順応するために、自律神経系や内分泌系のさまざまな**ホルモン**が亢進または減少して、生体の恒常性を保持しようとする反応をいう。

　人にとって、適度なストレスは**活動の亢進**や**意欲**の高揚をもたらすが、個人の能力や感性に適合しないストレッサーは**不安**、焦燥感、**抑うつ感**や疲労をもたらす。

　ストレスに伴う心身の反応には、ノルアドレナリン、**アドレナリン**などのカテコールアミンや**副腎皮質ホルモン**が深く関与している。

CHECK! ストレスによる生体反応

分泌元	分泌物質
交感神経系	ノルアドレナリン
副腎髄質	アドレナリン
副腎皮質	副腎皮質ホルモン
肝　臓	グリコーゲン

　ストレス反応の典型的なものは、交感神経が緊張し、**副腎皮質ホルモン**の分泌が亢進することであるが、そのほかに**自律神経系**や内分泌系の乱れによる精神神経疾患や内科的疾患がある。

CHECK! ストレス関連疾病

- 抑うつ、神経症などの精神神経科的疾患。
- 高血圧症、胃・十二指腸潰瘍などの内科的疾患。
- 手足のふるえ、自律神経障害。
- だるい、無気力といった心理的・感覚的異常。

得点を上げる
ゴロ
ストレス反応
交換手は錦糸町、必死でホルモンに香辛料をかける。
交感神経が緊張し、副腎皮質ホルモン分泌が亢進する

1 疲労

頻出度 ★★☆

①疲労と疲労度の測定 ☑☑☑

近年は、<u>精神的</u>疲労が<u>身体的</u>疲労を上回っている。また、業務のOA化などにより、長時間の座位を連続することによる<u>静的</u>疲労が<u>動的</u>疲労よりも増え、問題となっている。なお、同じ理由で全身疲労よりも<u>局所</u>疲労が近年の疲労の中心である。

疲労の測定には<u>RMR</u>をはじめ、以下のようなさまざまな方法があるが、いくつかの検査を組み合わせて総合的に判断すべきである。

CHECK! 疲労の検査方法

検査名	検査内容
<u>フリッカー</u>検査	<u>光のちらつき</u>に対する反応を測定する検査。
<ruby>二点弁別閾<rt>にてんべんべついき</rt></ruby>検査	離れた2点に与えられた<u>感覚刺激</u>が、1点と感じる最長の感覚を調べる検査。
エネルギー代謝率(<u>RMR</u>)	労働の<u>強度</u>を表す指標であるが、疲労の検査でも使われる。
厚生労働省「労働者の<u>疲労蓄積度自己診断チェックリスト</u>」	労働者用と家族用とがあり、<u>過重労働</u>の状態をチェックできる。
<u>作業能率</u>	作業能率は<u>疲労</u>により低下する。
心拍変動(HRV)解析	心拍変動を計測することで、疲労による<u>自律神経</u>の機能の不安定さを調べる。

②疲労の3大回復因子 ☑☑☑

疲労回復に効果的なものは①<u>休息</u>、②<u>休養</u>、③<u>睡眠</u>である。しかし、近年では単純に休むことが疲労回復につながらないケースも多い。その日の疲労は、その日のうちに回復させ、疲労を溜め込まないことが重要である。

得点を上げる ゴロ

疲労回復
回復したければ即、陽水を聴け。
疲労<u>回復</u>には休息・休養・睡眠

③睡眠 ☑ ☑ ☑

睡眠は、疲労回復に有効である。寝つけない場合は身体を横たえて**安静を保つ**のみでも、疲労はある程度回復する。

CHECK! 睡眠と回復

神経系	**副交感神経系**が活発になり、心の安定を図るよう調節が行われる。
身体の変化	**体温の低下**、**心拍数の減少**、**呼吸数の減少**がみられる。
睡眠**不足**	感覚機能や集中力は低下し、**作業能率**が落ち、周囲の刺激に対する反応も鈍って、**災害**が発生しやすい状況となる。
睡眠**と食事**	睡眠と食事とは深く関係している。このため、就寝直前の過食は肥満のほか、**不眠**を招くことになる。

まるおぼえ 01 中枢 ☑ ☑ ☑

中枢名	中枢のある部位
体温中枢	間脳の**視床下部**
呼吸中枢	**延髄**
自律神経中枢	脳幹と**脊髄**

まるおぼえ 02 pH（ペーハー） ☑ ☑ ☑

液体名	pH
胆汁	**アルカリ性**
尿	**弱酸性**

得点を上げる **ゴロ** 睡眠
復興活発になり、少ない耐震の専門家を呼ぶ。
<u>副交感神経</u>が活発になり、減少するのは体温・心拍数・呼吸数

1 人体組織および機能／①循環器系

Q001
☑☑☑
（必須）

心筋は人間の意志によって動かすことができない不随意筋であるが、随意筋である骨格筋と同じ横紋筋に分類される。

Q002
☑☑☑

心臓は、自律神経の中枢で発生した刺激が刺激伝導系を介して心筋に伝わることにより、規則正しく収縮と拡張を繰り返す。

Q003
☑☑☑
（必須）

心臓自体は、大動脈の起始部より出る冠状動脈によって酸素や栄養素の提供を受けている。

Q004
☑☑☑

交感神経は心臓のはたらきを促進し、副交感神経は抑制する。

Q005
☑☑☑
（必須）

体循環（たいじゅんかん）とは、左心室から大動脈に入り、毛細血管を経て静脈血となって右心房に戻ってくる血液の循環をいう。

Q006
☑☑☑

肺循環（はいじゅんかん）とは、右心室から肺動脈を経て肺の毛細血管に入り、肺静脈を通って左心房に戻る血液の循環をいう。

Q007
☑☑☑
（必須）

大動脈および肺静脈を流れる血液は、酸素に富む動脈血である。

Q008
☑☑☑

心臓の拍動による動脈圧の変動を末梢の動脈で触知したものを脈拍といい、一般に、手首の橈骨動脈（とうこつどうみゃく）で触知する。

試験合格への道！ 循環器系の問題は、6ページの図「心臓の構造と血液循環」をしっかり覚えて解きましょう。

A001

心筋は**不随意筋**であるが、例外的に**横紋筋**である。ほかの**不随意筋**は**平滑筋**である。

 A002

心臓は自律神経に支配され、右心房にある**洞房結節**からの電気信号により収縮と拡張を繰り返す。心臓は**脳**からの指令がなくても動くことができる。これを心臓の**自律性**という。

 A003

冠状動脈が**血栓**などにより詰まると、心臓の末梢血管に酸素や栄養素が行き渡らなくなり、**組織壊死**を起こす。これが**心筋梗塞**である。

 A004

交感神経は**運動**時や**興奮**時に心臓のはたらきを**促進**し、**副交感神経**は**休息**時や**睡眠**時に心臓のはたらきを**抑制**する。

 A005

この体循環のことを**大循環**ともいう。身体の**各細胞**をめぐる循環である（6ページ「心臓の構造と血液循環」参照）。

 A006

この肺循環のことを**小循環**ともいう。**肺**をめぐる循環である（6ページ「心臓の構造と血液循環」参照）。

 A007

大動脈は心臓（**左心室**）から出て身体の各組織に流れる血管で、酸素に富む血液が流れており、**動脈血**である。肺静脈は、外呼吸により肺に取り込まれた酸素を豊富に含む血液が心臓（**左心房**）へ流れ込む血管で、**動脈血**である。

 A008

橈骨動脈は、ヒトの肘窩から手にかけて走行する**動脈**（前腕の外側を走っている動脈）のことをいう。

試験合格への道! 血管の名前と、血管中の血液の状態（動脈血か、静脈血か）を確認しましょう。

Q009
☑☑☑
右心室と左心室から出ていく血管は、いずれも動脈であるが、右心室から出ていく血管には静脈血が流れる。

Q010
☑☑☑
肺動脈、大動脈、大静脈を流れる血液のうち、酸素が最も多く含まれる血液は、大動脈である。

Q011
☑☑☑
大静脈を流れる血液には、大動脈を流れる血液に比べて二酸化炭素が多く含まれる。

Q012
☑☑☑
血圧は、血液が血管の側面を押し広げる力であり、高血圧の状態が続くと、血管壁の厚さは減少していく。

Q013
☑☑☑
動脈硬化とは、コレステロールの蓄積などにより、動脈壁が肥厚・硬化して弾力性を失った状態であり、進行すると血管の狭窄や閉塞を招き、臓器への酸素や栄養分の供給が妨げられる。

②血液系

Q014
☑☑☑
血液は血漿（けっしょう）と有形成分からなり、有形成分は赤血球、白血球、血小板からなる。

必須

Q015
☑☑☑
血液は、血漿と有形成分からなり、血液の容積の55％程度を占める血漿中には、アルブミン、グロブリンなどのたんぱく質が含まれている。

試験合格への道！ Q005〜011のような血液の循環と、肝臓、腎臓の総合的な問題にも対応できるように準備しておきましょう。

A009 ○ 右心房から**右心室**を通って肺へ入る血管を**肺動脈**といい、左心房から**左心室**を通って**各器官**へつながる血管を**大動脈**という。静脈血は**二酸化炭素**や老廃物を多く含み、**大静脈や肺動脈**に流れる血液である。

A010 ○ 肺動脈、大動脈、大静脈を流れる血液のうち、**左心室**から送り出される**大動脈**が最も酸素に富んだ血液である。

A011 ○ 大静脈には、身体の各組織からの**二酸化炭素**や**老廃物**が多く含まれている。

A012 ✕ 高血圧の状態が続くと、血管壁の厚さは**増加**していくので誤りである。

A013 ○ **動脈硬化**になると、スムーズに血液が流れなくなる。

A014 ○ 血液は**血漿**（液体成分）と有形成分とに分けられる。**血漿**中には**アルブミン**、**グロブリン**などのたんぱく質が含まれている。

A015 ○ 人の血液は液体成分と有形成分とに分けられ、液体成分（血漿）は約**55**％、有形成分は約**45**％となっている。**アルブミン**は血液の**浸透圧**の維持に、**グロブリン**は抗体として作用している。

試験合格への道！ Q005～011のような問題は、6ページの図「心臓の構造と血液循環」をしっかり覚えて対応しましょう。

Q016
☑☑☑
血漿中のたんぱく質のうち、グロブリンは血液浸透圧の維持に関与し、アルブミンは免疫物質の抗体を含む。

Q017
☑☑☑
血液の有形成分には赤血球や白血球、血小板があり、赤血球は酸素を組織に供給し、白血球は体内への細菌や異物の侵入を防御し、血小板は止血の機能を有する。

Q018
☑☑☑
赤血球は、骨髄で産生され、寿命は約120日であり、全血液の体積の約40％を占めている。

Q019
☑☑☑
好中球は、白血球の約60％を占め、偽足を出してアメーバ様運動を行い、体内に侵入してきた細菌などを貪食する。

Q020
☑☑☑
リンパ球は、白血球の約30％を占め、Tリンパ球やBリンパ球などの種類があり、免疫反応に関与している。

Q021
☑☑☑
ある人の血漿中のフィブリン（線維素）と別の人の血清中のフィブリノーゲン（線維素原）との間で生じる反応を、血液の凝集という。

Q022
☑☑☑
血液の凝固は、血漿中のフィブリノーゲン（線維素原）がフィブリン（線維素）に変化する現象である。

試験合格への道！ 血液の「凝集反応」の登場人物は2人、血液の「凝固」の登場人物は1人です。

1種／2種

PART ① 労働生理

② 血液系

A016 ✕ グロブリンとアルブミンの説明が逆である。血漿中のたんぱく質のうち、グロブリンは**免疫物質の抗体**を含む。

A017 ◯ 有形成分のうち、赤血球は全血液の体積の約**40**%を占める。**白血球**や**血小板**の数は正常値に**男女差**はないが、**赤血球**の数は**男性**のほうが多い。

A018 ◯ 赤血球の寿命は、約**120**日。白血球の寿命は一般に**3～4**日以内、血小板の寿命は約**10**日である。

A019 ◯ **好中球**は、白血球の一種の**血球成分**である。好中球は、アメーバのような運動で血管内を移動し、体内に侵入してきた細菌などを貪食する。

A020 ◯ Bリンパ球は**抗体**を産生し、Tリンパ球は**細菌**や異物を認識する。なお、Tリンパ球は「**キラー細胞**」とも呼ばれる。

A021 ✕ 同種の凝集原（抗原）と凝集素（抗体）があることによる反応を、**凝集反応**という。たとえば、A型の血液とB型の血液が混ざると、A型がもつ抗原（**A抗原**）とB型がもつ**抗A抗体**が反応する。これにより、**凝集**（かたまる）したり、溶血により**赤血球の破壊**を起こしたりする。

A022 ◯ 血液の凝固は、血漿中にある水溶性の**フィブリノーゲン**（線維素原）が固体である**フィブリン**（線維素）に変化する現象である。出血したときに血液が固まり血が止まる状態のことである。

  血液の凝集反応に出てくる凝集原、凝集素、凝固に出てくるフィブリノーゲン（線維素原）、フィブリン（線維素）は重要です。

Q023 ☑☑☑ 血液の容積に対する白血球の相対的容積をヘマトクリットといい、その値には男女差がない。

Q024 ☑☑☑ 正常値に男女による差がないとされているものは、ヘモグロビン量である。

Q025 ☑☑☑ ABO式血液型は、赤血球の血液型分類の1つで、A型の血清は抗B抗体をもつ。

Q026 ☑☑☑ 血小板は、直径2～3μmの不定形細胞で、止血作用をもつ。

③呼吸器系

Q027 ☑☑☑ 必須 呼吸は、胸膜が運動することで胸腔内の圧力を変化させ、肺を受動的に伸縮させることにより行われる。

Q028 ☑☑☑ 必須 胸郭内容積が増して内圧が低くなるにつれ、鼻腔や気管などの気道を経て肺内へ流れ込む空気が吸気である。

Q029 ☑☑☑ 必須 呼気とは、胸郭内容積が増して内圧が低くなるにつれ、鼻腔や気道を経て肺内へ流れ込む空気のことである。

Q030 ☑☑☑ 必須 呼吸に関与する筋肉は、間脳の視床下部にある呼吸中枢によって支配されている。

試験合格への道！ 赤血球は、骨髄で作られます。過去に、「肝臓で生成される→解答×」という問題も出題されています。

ヘマトクリットは、血液の容積に対する**赤血球**の相対的容積のこと。男性は**45**%、女性は**40**%と、男女差がある。また、貧血になるとその値は**低くなる**。

ヘモグロビン量は男性のほうが多いので誤り。男女差がないのは、**白血球数と血小板数**である。

正しい。なお、B型の血清は**抗A抗体**、O型の血清は**抗A抗体と抗B抗体**をもつ。AB型の血清はどちらの抗体もない。

血小板は**動脈血**に多く含まれ、**止血**作用（**血液凝固**作用）をもつ。血小板は、損傷部位から血管外に出ると**血液凝固**を促進させる物質を放出することも押さえておこう。

呼吸運動は、主として**呼吸筋（肋間筋）**と<u>横隔膜</u>の協調運動によって胸郭内容積を周期的に増減させ、それに伴って**肺**を伸縮させることによって行われる。

胸郭内容積が増し（胸腔が広がり）、内圧が**低**くなるにつれて鼻腔や気管などの気道を経て肺内へ流れ込む空気のことを**吸気**という。

呼気とは、胸腔が締め付けられることによりその内圧が**高**くなり、**肺**の中から外に押し出される空気である。通常の呼吸の場合の呼気には、酸素が約**16**%、二酸化炭素が約**4**%、それぞれ含まれることも押さえておこう。

呼吸に関与する筋肉は、<u>延髄</u>にある**呼吸中枢**によって支配されている。

血液成分のうち、男女差があるのは赤血球のみです。

Q031

☑☑☑

必須

肺胞内の空気と肺胞を取り巻く毛細血管中の血液との間で行われるガス交換を、内呼吸という。

Q032

☑☑☑

チェーンストークス呼吸とは、肺機能の低下により呼吸数が増加した状態をいい、喫煙が原因となることが多い。

Q033

☑☑☑

必須

呼吸により血液中に取り込まれた酸素は、赤血球中のヘモグロビンと結合して全身の組織に運ばれる。

Q034

☑☑☑

必須

呼吸中枢がその興奮性を持続するためには、常に一定量以上の一酸化炭素が血液中に含まれていることが必要である。

Q035

☑☑☑

血液中の二酸化炭素濃度が増加すると、呼吸中枢が刺激され、肺でのガス交換の量が多くなる。

Q036

☑☑☑

身体活動時には、血液中の窒素分圧の上昇により呼吸中枢が刺激され、1回換気量および呼吸数が増加する。

Q037

☑☑☑

成人の呼吸数は、通常1分間に16〜20回であるが、食事・入浴や発熱によって減少する。

---

④運動器系

Q038

☑☑☑

必須

筋収縮にはグリコーゲンやリン酸化合物などのエネルギー源が必要で、特に直接のエネルギーはATP（アデノシン三リン酸）の加水分解によってまかなわれる。

 試験合格への道！　内呼吸と外呼吸の違いを押さえておきましょう。

PART
❶
労働生理

③ 呼吸器系／④ 運動器系

A031 ✕　肺胞内の空気と肺胞を取り巻く毛細血管の血液との間で行われるガス交換を、**外呼吸**という。「肺」と出てきたら「外呼吸」である。なお、組織細胞と血液間で行われるガス交換を**内呼吸**という。

A032 ✕　チェーンストークス呼吸とは、呼吸をしていない状態から次第に呼吸が**深まり**、その後再び**浅くなって**呼吸が停止する状態を周期的に繰り返す**異常呼吸**のことで、喫煙ではなく、延髄の**呼吸中枢**の機能が衰えることが原因である。

A033 ◯　呼吸により血液中に取り込まれた酸素は、**赤血球中のヘモグロビン**と結合して全身の組織に運ばれる。

A034 ✕　呼吸中枢がその興奮性を持続するためには、常に一定量以上の**二酸化炭素**が血液中に含まれていることが必要である。

A035 ◯　血液中に**二酸化炭素**が増加してくると、呼吸中枢が刺激されて呼吸数が**増加**する。呼吸中枢は、血液中の二酸化炭素の増加や**pH**の低下を感知して呼吸数を**増加**させる。

A036 ✕　「窒素分圧」ではなく、「**二酸化炭素分圧**」である。

A037 ✕　呼吸は、食事や**入浴**、**発熱**によって**増加**する。なお、成人の呼吸数は、1分間に**16～20回**で、成人の安静時の1回呼吸量は約**500**mLである。

A038 ◯　筋収縮時のエネルギーは、筋肉中に貯蔵されていた**ATP（アデノシン三リン酸）**が分解することで供給される。アデノシン三リン酸は、血液中の**グルコース**（糖の一種）や筋肉中の**グリコーゲン**から合成される。

試験合格への道！　吸気の流れを覚えましょう。胸郭内容積が増す ⇒ 内圧が低くなる ⇒ 空気が流れ込む、です。

Q039
☑☑☑
必須

横紋筋は、骨に付着して身体の運動の原動力となる筋肉で意志によって動かすことができるが、平滑筋は、心筋などの内臓に存在する筋肉で意志によって動かすことができない。

Q040
☑☑☑

筋肉は、神経から送られてくる刺激によって収縮するが、神経に比べて疲労しにくい。

Q041
☑☑☑
必須

筋肉中のグリコーゲンは、酸素が十分に与えられると完全に分解され、最後に乳酸になる。

Q042
☑☑☑

運動することによって筋肉が太くなることを、筋肉の活動性肥大という。

Q043
☑☑☑

強い力を必要とする運動を続けていると、筋肉を構成する個々の筋線維の太さは変わらないが、その数が増えることによって筋肉が太くなり、筋力が増強する。

Q044
☑☑☑

筋肉が収縮して出す最大筋力は、筋肉の単位断面積1 cm²当たりの平均値をとると、性差または年齢差がほとんどない。

Q045
☑☑☑

人が直立しているとき、姿勢保持の筋肉には、常に等張性収縮が生じている。

試験合格への道! 筋肉は神経に比べて、「疲労しやすい」という表現を覚えましょう。

A039
平滑筋は、主に**内臓**に存在するため、内臓筋であり、意志によって動かすことのできない**不随意筋**に属する。不随意筋の多くは平滑筋であるが、**心筋**は例外で、横紋筋であるが不随意筋である。

A040
筋肉は神経に比べて**疲労**しやすい。筋肉は、体性神経の**運動**神経から送られてくる刺激により収縮する。

A041
筋肉中のグリコーゲンは、**酸素**が十分に供給されると完全に分解され、最後に**水**と**二酸化炭素**になる。筋肉の収縮時に酸素の供給が不足すると、筋肉に存在するグリコーゲンは**水**と**二酸化炭素**に分解されず、疲労物質である**乳酸**になる。

A042
筋肉のたんぱく質合成は、**サテライト**細胞の活性化によって促進される。通常、**サテライト**細胞は休止状態であるが、筋肉が激しく使われ損傷した場合に活性化され、分裂・分化して既存の筋細胞に融合し、筋肉を**肥大**させる。

A043
強い力を必要とする**運動**を続けていると、筋肉を構成する個々の筋線維も**太く**なる。

A044
筋肉が収縮して出す最大筋力は、筋肉の単位断面積1cm²当たりの平均値をとると、**性差**または**年齢差**がほとんどない。したがって筋肉の太い人ほど一般に筋力が強いといわれている。

A045
人が直立しているときの姿勢保持の筋肉に生じているのは、**等尺性収縮**である。これは筋肉の長さを変えないで筋力を発生させる収縮のしかたである。

試験合格への道! 平滑筋（内臓筋）⇒ 不随意筋、横紋筋（骨格筋）⇒ 随意筋ですが、心筋は例外で、横紋筋であるが不随意筋です。

Q046
☑☑☑
荷物を持ち上げたり屈伸運動をするとき、関節運動に関与する筋肉には、等張性収縮が生じている。

Q047
☑☑☑
長時間の姿勢保持を伴う情報機器作業などでは、持続的な筋収縮を必要とする等尺性収縮が主体となるため、血行不良や筋疲労が生じやすい。

Q048
☑☑☑
骨格筋は体性神経に支配されている横紋筋で、意志によって動かすことのできる随意筋である。

Q049
☑☑☑
筋肉の縮む速さが速ければ速いほど、仕事の効率は大きい。

Q050
☑☑☑
筋肉は、収縮しようとする瞬間に一番大きい力を出す。

必須

Q051
☑☑☑
刺激に対し、意識とは無関係に起こる定型的な反応を反射といい、最も単純な反射には膝蓋腱反射などの伸張反射がある。

⑤消化器系

Q052
☑☑☑
たんぱく質は、約20種類のアミノ酸が結合してできており、内臓、筋肉、皮膚などといった人体の臓器などを構成する主成分である。

Q053
☑☑☑
3大栄養素のうち、糖質はブドウ糖などに、たんぱく質はアミノ酸に、脂質は脂肪酸とモノグリセリドに酵素により分解されて吸収される。

等張性収縮（筋肉の長さを変えて筋力を発生）と等尺性収縮（筋肉の長さを変えず筋力を発生）との違いをきちんと覚えましょう。

A046 等張性収縮とは、膝の屈伸のように、関節運動によって筋肉の長さを変えながら一定の張力で筋力を発生させる収縮のしかたである。

A047 長時間の姿勢保持を伴う情報機器作業などでは、等尺性収縮が主体となっている。

A048 ほとんどの横紋筋は両端が腱になって骨に付着し、身体を動かすのに使われるため、骨格筋と呼ばれる。心筋は例外的に、横紋筋であるが不随意筋である。

A049 仕事の効率が大きいのは、筋肉の縮む速さが適当なときである。

A050 筋肉が一番大きい力を出すのは、収縮しようとする瞬間である。筋肉が太いほど、収縮時に生じる力は大きくなる。

A051 最も単純な神経反射には、膝蓋腱反射などがある。

A052 たんぱく質とは、約20種類のL-アミノ酸が鎖状に多数連結してできた高分子化合物であり、生物の重要な構成成分の1つである。

A053 たんぱく質、炭水化物（糖質）、脂質を3大栄養素といい、ビタミンと無機塩（無機質）が加わると5大栄養素という。

Q054 ☑☑☑ ブドウ糖および脂肪酸とモノグリセリドは、絨毛（じゅうもう）から吸収されて毛細血管に入る。アミノ酸は、絨毛から吸収された後、大部分は脂肪となってリンパ管に入る。

Q055 ☑☑☑ ペプシノーゲンは、胃酸によってペプシンという消化酵素になり、たんぱく質を消化する。

Q056 ☑☑☑ 脂肪は、膵臓から分泌される消化酵素である膵アミラーゼにより脂肪酸とモノグリセリドに分解され、小腸の絨毛から吸収される。

Q057 ☑☑☑ 無機塩、ビタミン類は、酵素により分解されて吸収可能な形になり、腸壁から吸収される。

Q058 ☑☑☑ 血液循環に入ったアミノ酸は、体内の各組織においてたんぱく質に再合成される。

Q059 ☑☑☑ 肝臓では、アミノ酸から多くの血漿たんぱくが合成される。

Q060 ☑☑☑ 肝臓は、コレステロールとリン脂質を合成し、また、余剰のたんぱく質と糖質を中性脂肪に変換する。

試験合格への道！ A059の血液凝固物質は、フィブリノーゲン（線維素原）であることを押さえましょう。

A054

ブドウ糖および**アミノ酸**は、絨毛から吸収されて毛細血管に入る。脂肪酸と**モノグリセリド**は、絨毛から吸収された後、大部分は**脂肪**となってリンパ管に入る。

A055

胃は、塩酸やペプシノーゲンを分泌して消化を助けるが、**水分**の吸収はほとんど行わない。

A056

「膵アミラーゼ」ではなく、「**膵リパーゼ**」である。小腸は、胃に続く全長**6〜7**mの管状の器官で、**十二指腸**、空腸および**回腸**に分けられる。小腸の表面は、**ビロード状**の絨毛という小突起で覆われており、栄養素の吸収の効率を上げるために役立っている。

A057

ビタミン、無機塩は酵素により分解されず、そのまま吸収される。無機塩は**ミネラル**ともいい、**亜鉛**・カルシウム・ナトリウム・**マグネシウム**などがある。

A058

血液循環に入ったアミノ酸は体内の各組織で**たんぱく質**に再合成され、各組織で**代謝**されて細胞を作ったり、身体を作り替えたりする。

A059

肝臓は、**血漿たんぱく**（アルブミンや血液凝固物質など）の合成を行う。

A060

肝臓のはたらきの中の「**脂肪の代謝**」についての記述である。

試験合格への道！ 11ページの2つの表を参考に、「脂質の分解→胆汁」とセットで覚えましょう。

Q061 肝臓は、アミノ酸からのブドウ糖の合成を行う。

Q062 成人の肝臓は、グリコーゲンの合成および分解を行う機能がある。

Q063 肝臓は、血液凝固物質や血液凝固阻止物質を生成する。

Q064 肝臓の機能は、コレステロールや尿素の合成、ビリルビンの合成・分解、および胆汁の生成がある。

Q065 胆汁は、アルカリ性で、消化酵素は含まないが、食物中の脂肪を乳化させ、脂肪分解のはたらきを助ける。

Q066 膵臓から十二指腸に分泌される膵液には、消化酵素は含まれていないが、血糖値を調節するホルモンが含まれている。

⑥腎臓・泌尿器系

Q067 腎臓は、背骨の両側に左右一対あり、それぞれの腎臓から複数の尿管が出て膀胱につながっている。

Q068 血中のグルコースは、糸球体からボウマン嚢にこし出される。

試験合格への道! 41〜45ページの解説を参考に、腎臓の構造やはたらきをしっかり押さえておきましょう。

A061

肝臓は、炭素鎖の代謝としてアミノ酸から**ブドウ糖**を合成する。

 A062

血液中の余剰なブドウ糖は、肝臓で**グリコーゲン**となって蓄えられる。エネルギーが必要な場合には、蓄えていたグリコーゲンをブドウ糖に分解する。

 A063

肝臓は、血液凝固物質（**フィブリノーゲン**）や血液凝固阻止物質（**ヘパリン**）を生成する。肝臓には血液中の有害物の分解や、無害の物質に変える作用（アルコール成分の分解）がある。

 A064

ビリルビンではなく**グリコーゲン**であるので誤り。

 A065

肝臓は、**胆汁**を分泌して**脂肪**の消化・吸収を助ける。胆汁は**胆のう**に蓄えられる。また、肝臓は脂肪酸を分解し、コレステロールとリン脂質を合成する。

 A066

膵液は、たんぱく質分解酵素の**トリプシノーゲン**、脂質分解酵素の**膵リパーゼ**、糖質（炭水化物）分解酵素の**膵アミラーゼ**など、3大栄養素の消化酵素をすべて含んでいる。

 A067

それぞれの腎臓から**1本ずつ**の尿管が出て膀胱につながっているので誤り。

 A068

グルコースとは、**糖**の一種である。その後、尿細管において血液中に再吸収される。

試験合格への道！ 肝臓の問題は、細部まで問われるので、11ページの表「肝臓の主な機能」をしっかり押さえましょう。

Q069
☑☑☑ 血中の老廃物は、尿細管からボウマン嚢（のう）にこし出される。

Q070
☑☑☑ 腎臓機能が正常な場合、大部分のたんぱく質はボウマン嚢中にこし出されるが、尿細管ではほぼ100％再吸収されるので、尿中にはほとんど排出されない。

Q071
☑☑☑ 原尿中にこし出された電解質の多くは、ボウマン嚢から血中に再吸収される。

Q072
☑☑☑ 腎臓の尿細管（にょうさいかん）では、原尿に含まれる大部分の水分および身体に必要な成分が血液中に再吸収され、残りが尿として生成される。

Q073
☑☑☑ ネフロン(腎単位)とは、尿を生成する単位構造で、1個の腎小体（じんしょうたい）とそれに続く1本の尿細管からなり、1個の腎臓中に約100万個ある。

Q074
☑☑☑ 腎小体は、毛細血管の集合体である糸球体とそれを包み込んでいるボウマン嚢とからなる。

Q075
☑☑☑ 腎臓の皮質にある腎小体では、糸球体から血液中の血球および糖以外の成分がボウマン嚢中にこし出され、原尿が生成される。

試験合格への道! 12ページの図「腎臓の構造」で、腎臓の構造をしっかり覚えましょう。

A069
×

血中の老廃物は腎臓の動脈の毛細血管である**糸球体**から**ボウマン嚢**にこし出され、原尿となる。

A070
×

たんぱく質は分子が大きいため**ボウマン嚢**を通過できず、**毛細血管**へ戻される。

A071
×

原尿中にこし出される大部分の水分、**電解質**、栄養分などは、**尿細管**から血液中に再吸収される。

A072
○

原尿中の**水分**の多くは、尿細管から血液中に再吸収される。原尿は1日約150L生成されるが、尿となるのは約**1.5L**程度である。

A073
○

尿を生成する単位構造を、ネフロン（腎単位）という。1個の**腎小体**とそれに続く1本の**尿細管**からなり、1個の腎臓中に約**100万**個ある。

A074
○

腎小体は、毛細血管の集合体である**糸球体**と、それを包み込んでいる**ボウマン嚢**とからなる。また腎小体では、糸球体から血液中の血球およびたんぱく質以外の成分がボウマン嚢中にこし出され、原尿が生成される。

A075
×

血液中の血球と**たんぱく質**を除く成分が糸球体から**ボウマン嚢**中にこし出され、原尿が生成される。

試験合格への道! 腎臓の問題は、細部まで問われるのでしっかり押さえましょう。　43

Q076
☑☑☑
尿細管では、原尿に含まれる大部分の水分、電解質、栄養物質が血液中に再吸収される。

Q077
☑☑☑
原尿中の水分、電解質、糖などの成分が尿細管において血液中に再吸収され、生成された尿は膀胱にたまって、体外に排泄される。

Q078
☑☑☑
尿の約95%は水分で、約5％が固形物であるが、その成分が全身の健康状態をよく反映するので、尿検査は健康診断などで広く行われている。

Q079
☑☑☑
尿は淡黄色の液体で、固有の臭気を有し、通常弱酸性である。

Q080
☑☑☑
血液中の尿素窒素（BUN）の値が低くなる場合は、腎臓の機能の低下が考えられる。

Q081
☑☑☑
腎臓から出ていく血管を流れる血液には、肝臓から出ていく血管を流れる血液と比べて、尿素が多く含まれている。

Q082
☑☑☑
肺動脈、大動脈、消化管を通った血管、肝臓を通った血管、腎臓を通った血管のうち、食後にブドウ糖が最も多く含まれるのは、消化管を通った血管である。

試験合格への道！ 尿を排出することによって、体内の水分量やナトリウムの濃度が調整されます。

A076 ○ 原尿に含まれる大部分の水分、**電解質**、栄養物質は尿細管を介して血液中に再吸収される。

A077 ○ 尿の生成・排出により、体内の**水分**の量やナトリウムなどの**電解質**の濃度を調節するとともに、生命活動によって生じた不要な物質を排泄する。

A078 ○ 腎機能・肝機能の状態を調べる**尿素窒素検査**は、**血液**を採取して血液中の尿素窒素量を測定するものである。設問の尿検査と混同しないように注意すること。

A079 ○ 尿は**弱酸性**で、1日の尿量は約**1.5**Lである。尿の比重は水分摂取量が**多い**と小さくなり、水分摂取量が**少ない**と大きくなる。

A080 × 腎機能が低下すると、血液中の尿素窒素は**上昇**する。尿素窒素は、体内の**たんぱく質**が分解された最終的な形である。尿素は肝臓で合成されて腎臓から排泄される。血中の尿素の量が血液尿素窒素である。

A081 × 腎臓で尿素がろ過されるため、腎臓を通った血液が流れる血管（**腎静脈**）の血液は、肝臓を通った血液が流れる血管（**肝静脈**）の血液よりも尿素が**少なく**なっている。

A082 ○ **消化管**を通った血液の流れる血管は、ブドウ糖を最も多く含む。**肝臓**は、ブドウ糖を**グリコーゲン**に変化させて貯蔵する。

⑦神経系

Q083
☑☑☑
必須

神経系を構成する基本的な単位である神経細胞は、通常、1個の細胞体、1本の軸索、複数の樹状突起からなり、ニューロンともいわれる。

Q084
☑☑☑

神経細胞の細胞体、軸索、樹状突起を合わせたものは、神経系を構成する基本的な単位で、神経節と呼ばれる。

Q085
☑☑☑
必須

神経系は、中枢神経系と末梢神経系に大別され、中枢神経系は脳と脊髄からなる。

Q086
☑☑☑

脳は大脳、脳幹および小脳からなる。

Q087
☑☑☑

自律神経は運動と感覚に関与し、体性神経は呼吸、循環などに関与する。

Q088
☑☑☑
必須

大脳の内側の髄質は神経細胞の細胞体が集合した灰白質で、感覚、運動、思考などの作用を支配する中枢として機能する。

Q089
☑☑☑

小脳には自律神経の中枢があり、交感神経と副交感神経のはたらきを調整する。

Q090
☑☑☑

脊髄は、運動系と知覚系の神経の伝導路であり、その中心部は白質、外側は灰白質である。

試験合格への道！ ニューロンは細胞体、軸索、樹状突起からなります。13ページの図を確認しておきましょう。

A083 〇 **神経細胞**(ニューロン)は、1個の細胞体、1本の軸索、複数の樹状突起からなっている。**細胞体**が本体で、**樹状突起**が入力部分、**軸索**が出力部分の役割を持っている。

A084 ✕ 神経系を構成する基本的な単位は、**ニューロン**(神経細胞)である。

A085 〇 神経は肉眼的にみると、**中枢神経**(脳および脊髄)とそれぞれに伸びる**末梢神経**に分類され、機能の面でみると、**体性神経**と**自律神経**に分類される。

A086 〇 大脳は**運動**、感覚、記憶、思考、感情をつかさどる。**脳幹**には呼吸中枢、体温維持中枢など、生命維持のための中枢機能がある。**小脳**は、運動や**平衡**感覚の中枢である。

A087 ✕ **体性神経**は運動と感覚に、**自律神経**は呼吸や循環などに関与する。

A088 ✕ 大脳の皮質(外側)は、**神経細胞の細胞体**が集まっている**灰白質**。感覚、思考などの作用を支配する中枢である。「大脳の内側の髄質」ではなく、「大脳の外側の皮質」であるので誤り。

A089 ✕ 小脳には**運動**や平衡感覚の中枢がある。交感神経と副交感神経の中枢は、**脳幹**と**脊髄**にある。

A090 ✕ 脊髄の中心部は**灰白質**、外側は白質である。脊髄は、**灰白質**と**白質**が大脳と逆になっている。

試験合格への道！ 14ページの図「神経系の仕組み」を確認し、どこを問われているかわかるようにしましょう。

Q091
☑☑☑
必須

交感神経と副交感神経は、各種臓器において双方の神経線維が分布し、相反する作用を有している。

Q092
☑☑☑

体性神経には、感覚器官からの刺激の興奮を中枢に伝える感覚神経と、中枢からの命令を運動器官に伝える運動神経とがある。

Q093
☑☑☑

有髄神経線維は、無髄神経線維より神経伝導速度が速い。

Q094
☑☑☑
必須

自律神経系は内臓、血管、腺などの不随意筋に分布している。

Q095
☑☑☑

消化管に対しては、交感神経は運動を促進させるように作用し、副交感神経は運動を抑制させるように作用する。

Q096
☑☑☑

交感神経系は、身体の機能をより活動的に調節するはたらきがあり、心拍数を増加したり、消化管の運動を亢進する。

Q097
☑☑☑

ニューロンは、細胞体から通常1本の軸索と複数の樹状突起が突き出した形をしている。伝導とは神経細胞内を情報が伝わっていくことで、情報は樹状突起で受け取られ、軸索を伝わって運ばれる。

試験合格への道! 自律神経の中枢は、脳幹と脊髄にあります。体温中枢は間脳視床下部、呼吸中枢は延髄にあります。

⑦神経系

A091 ○ 自律神経は交感神経と副交感神経からなる。どちらも同じ器官に分布するが、作用は正反対。一般に交感神経は**昼間**に活発、副交感神経は**夜間**に活発となる(これを概日リズム＝**サーカディアンリズム**という)。

A092 ○ 体性神経は**感覚神経**と**運動神経**からなり、体の感覚や運動をコントロールする。

A093 ○ 一部の神経は軸索が**神経鞘**と呼ばれる鞘で覆われていて(**髄鞘**という)、この髄鞘で覆われた軸索を**有髄神経線維**、髄鞘を持たない軸索を**無髄神経線維**という。有髄神経線維は、無髄神経線維より神経伝導速度が速い。

A094 ○ 自律神経系は内臓、血管、腺などの**不随意筋**に分布しているが、同一器官に分布していても、その作用はほぼ**正反対**である。

A095 ✕ 交感神経は消化管の運動を**抑制**させるように作用し、副交感神経は運動を**促進**させるように作用するので誤り。心臓に対しては、交感神経の亢進は心拍数を増加させ、副交感神経の亢進は心拍数を減少させることも押さえておこう。

A096 ✕ 交感神経系は、身体の機能を**活動的**にするはたらきがあり、心拍数を増加したり、消化管の運動を**抑制**したりする。よって誤りである。

A097 ○ 神経系を構成する基本的単位(細胞体＋線維)を**ニューロン**(神経細胞)という。1つの神経細胞からは、通常1本の長い**軸索**(線維)と、木の枝のように複雑に分岐した短い**樹状突起**が伸びている。

 体性神経は運動神経と感覚神経からなり、自律神経は交感神経と副交感神経からなります。まとめて末梢神経といいます。

⑧内分泌・代謝系・BMI

Q098 ☑☑☑
ホルモン＝コルチゾール、内分泌器官＝副腎皮質、はたらき＝血糖量の増加、の組み合わせは正しい。

Q099 ☑☑☑
ホルモン＝アルドステロン、内分泌器官＝副腎皮質、はたらき＝血中の塩類バランスの調節、の組み合わせは正しい。

Q100 ☑☑☑
ホルモン＝セクレチン、内分泌器官＝十二指腸、はたらき＝消化液分泌促進、の組み合わせは正しい。

Q101 ☑☑☑
ホルモン＝インスリン、内分泌器官＝膵臓、はたらき＝血糖量の減少、の組み合わせは正しい。

Q102 ☑☑☑
ホルモン＝グルカゴン、内分泌器官＝膵臓、はたらき＝血糖量の増加、の組み合わせは正しい。

Q103 ☑☑☑
ホルモン＝パラソルモン、内分泌器官＝副腎髄質、はたらき＝血糖量の増加、の組み合わせは正しい。

Q104 ☑☑☑
ホルモン＝メラトニン、内分泌器官＝副甲状腺、はたらき＝体液中のカルシウムバランスの調節、の組み合わせは正しい。

Q105 ☑☑☑
必須
エネルギー代謝率は、一定時間中に体内で消費された酸素と、排出された二酸化炭素との容積比で表すことができる。

試験合格
への道！
内分泌系はアドレナリンとインスリンを特に押さえ、15ページの表「主なホルモンの種類」で各ホルモンが分泌される臓器も覚えましょう。

A098 コルチゾールは**副腎皮質**から分泌され、**血糖量の増加**に関与している。

 A099 アルドステロンは**副腎皮質**から分泌され、血中の**塩類バランス**の調節に関与している。

 A100 **セクレチン**は**十二指腸**から分泌され、**消化液分泌促進**に関与している。

 A101 インスリンは**膵臓**から分泌され、血糖量の**減少**に関与している。

 A102 グルカゴンは**膵臓**から分泌され、血糖量の**増加**に関与している。

 A103 パラソルモンは、内分泌器官＝**副甲状腺**、はたらき＝**血中カルシウムの増加**であるので誤りである。

 A104 メラトニンは脳の**松果体**から分泌され、**体内時計の調節**を行う物質で、**睡眠**を促すので誤りである。

 A105 エネルギー代謝率とは、作業に要したエネルギー量を同一時間中の**基礎代謝量**で除した値のことである。

 メラトニンは脳の松果体から分泌され、体内時計の調節を行います。 51

Q106
✓✓✓
代謝において、細胞に取り入れられた体脂肪やグリコーゲンなどが分解されてエネルギーを発生し、ATPが生産されることを同化という。

Q107
✓✓✓
エネルギー代謝率は、生理的負担だけでなく、精神的作業や静的筋作業の強度を表す指標としても用いられる。

Q108
✓✓✓
基礎代謝は、心臓の拍動、呼吸運動、体温保持などに必要な代謝で、基礎代謝量は、覚醒・横臥・絶対安静時の測定値で表される。

Q109
✓✓✓
必須
作業を行わず、ただじっと座っているだけの場合のエネルギー代謝率は1.2である。

Q110
✓✓✓
必須
体内に侵入した病原体などの異物を、リンパ球が抗原と認識し、その抗原に対してだけ反応する抗体を血漿中に放出する。この抗体が抗原に特異的に結合し抗原のはたらきを抑制して身体を防御する仕組みを体液性免疫と呼ぶ。これに対し、リンパ球が直接、病原体などの異物を攻撃する免疫反応もあり、これを細胞性免疫と呼ぶ。

Q111
✓✓✓
抗原に対する免疫が、逆に、人体の組織や細胞に傷害を与えてしまうことをアレルギーといい、主なアレルギー性疾患としては、気管支ぜんそく、アトピー性皮膚炎などがある。

試験合格への道! 16ページの表「代謝の種類」を確認し、エネルギー代謝、基礎代謝、安静時消費代謝の違いを覚えましょう。

A106 ✕ 「同化」ではなく「**異化**」である。「同化」とは、体内に摂取された栄養素が、種々の化学反応によってATPに蓄えられたエネルギーを用いて、細胞を構成するたんぱく質などの生体に必要な物質に合成されることをいう。

A107 ✕ エネルギー代謝率は、**動的作業**の強度を表す指標として有用であって、**精神的作業**や**静的筋作業**には適用できない。エネルギー代謝率で表した**作業強度**は性別や年齢、体格で大きな開きはないことも押さえておこう。

A108 ○ 基礎代謝量は、**覚醒**時(目が覚めている状態)、**横臥**時(横になっている状態)、**絶対安静**時に測定された値で表される。

A109 ✕ エネルギー代謝率は17ページにある計算式で求められる。じっと座っているだけの場合、安静時消費エネルギー量は**基礎代謝**量の**1.2倍**である。エネルギー代謝率ではないので誤り。

A110 ○ 抗体とは体内に入ってきた**抗原**に対して、**体液性**免疫において作られる**免疫グロブリン**と呼ばれるたんぱく質のことである。抗原に特異的に結合し、抗原のはたらきを抑えるはたらきがある。また、細胞性免疫では抗体が作られるのではなく、細胞自体が直接異物を攻撃する。

A111 ○ 設問の通りである。抗原とは、**免疫**に関係する細胞によって異物として認識される物質のことで、抗原となる物質には、**たんぱく質**、**糖質**などがある。

 試験合格への道！ 基礎代謝量は①覚醒時、②横臥時、③絶対安静時の3点セットで覚えましょう。

Q112
☑☑☑
免疫には、リンパ球が産生する抗体によって病原体を攻撃する細胞性免疫と、リンパ球などが直接に病原体などを取り込んで排除する体液性免疫の2つがある。

Q113
☑☑☑
BMIの値を算出する式はW/100(H-1)である。ただし、Wは体重(kg)、Hは身長(m)とする。

Q114
☑☑☑
身長170cm、体重72kgの人のBMIは25に近い。

⑨感覚器系

Q115
☑☑☑
眼軸が短すぎることなどにより、平行光線が網膜の後方で像を結ぶものを遠視眼という。

Q116
☑☑☑
眼の網膜には、明るいところではたらいて色を感じる錐状体と、暗いところではたらいて弱い光を感じる杆状体の2種類の視細胞がある。

Q117
☑☑☑
眼は、周りの明るさによって瞳孔の大きさが変化して眼に入る光量が調節され、暗い場合には瞳孔が広がる。

Q118
☑☑☑
角膜が歪んでいたり表面に凹凸があったりするために、眼軸などに異常がなくても、物体の像が網膜上に正しく結ばないものを乱視という。

試験合格への道! 18ページの図を参考に、近視・遠視・乱視それぞれの仕組みを確認しましょう。

「細胞性免疫」と「体液性免疫」の説明が逆である。免疫の機能が失われたり低下したりすることを**免疫不全**という。**免疫不全**になると、感染症にかかりやすくなったり、がんに罹患しやすくなったりすることも押さえておこう。

 やせや肥満の程度を評価するための指標として用いられる**BMI**の値を算出する式は、$\dfrac{W}{H\times H}$ である。

 計算をするときは、身長の単位を**メートル**にすることに注意。$72\div(1.7\times1.7)\fallingdotseq24.9$。

 近視眼は、眼球の長軸が**長すぎる**ために平行光線が網膜の**前方**で像を結ぶことも押さえておこう。

 杆状体について、**暗順応**(明るいところから急に暗いところへ入ると、見えるまで時間がかかる)と、**明順応**(暗いところから明るいところへ出ると、まぶしさを感じなくなるまで時間がかかる)では、暗順応のほうが一般的に時間がかかる。

 眼の水晶体は、遠くを見るときに**薄く**なり、近くを見るときに**厚く**なる。**暗**いところでは瞳孔が広がり、**明る**いところでは瞳孔が狭くなる。

 乱視は、物が**多重**に見える。角膜が歪んでいたり、表面に凹凸があるため、正しい像を**網膜**上に結ばない状態である。

 18ページを参考に、「音が伝わる順路」を正しく覚えておきましょう。

Q119
☑☑☑
ヒトの眼は、硝子体の厚さを変えることにより焦点距離を調節して、網膜の上に像を結ぶようにしている。

Q120
☑☑☑
眼をカメラにたとえると、虹彩は、しぼりのはたらきをする。

Q121
☑☑☑
耳の中を音の振動が伝わり、音の刺激を受け取るまでの経路は、外耳道→鼓膜→耳小骨→蝸牛神経→蝸牛である。

Q122
☑☑☑
内耳は側頭骨内にあって、前庭と半規管が平衡感覚を、蝸牛が聴覚を分担している。

Q123
☑☑☑
鼓室は耳管によって咽頭に通じており、その内圧は外気圧と等しく保たれている。

Q124
☑☑☑
物理化学的な刺激の量と人間が意識する感覚の強度とは、直線的な比例関係にある。

Q125
☑☑☑
嗅覚は、わずかな匂いでも感じるほど鋭敏で、同じ臭気に対しても疲労しにくい。

Q126
☑☑☑
皮膚感覚の基本的なものは触覚、痛覚、温度感覚（温覚・冷覚）で、これらのうち冷覚を生じる冷覚点の密度が最も大きい。

試験合格への道！ 19ページの表「耳の各器官のはたらき」を確認し、中耳と内耳のはたらきを入れ替えて出題されても対応できるようにしておきましょう。

A119
「硝子体の厚さ」ではなく、「**水晶体の厚さ**」であるので誤り。

A120
眼をカメラにたとえると、**虹彩**は光の量を調節するしぼり、**水晶体**はレンズ、**網膜**はフィルムに相当する。

A121
音の伝わり方は、**外耳道→鼓膜→耳小骨→蝸牛→蝸牛神経**である。

A122
内耳は前庭、半規管、蝸牛の3つの部位からなる。半規管は身体の**回転**の方向や**速度**を感じ、前庭は身体の**傾き**の方向や**大きさ**を感じることも押さえておこう。

A123
鼓室の**圧力**が変化すると鼓膜の振動が制限され、一時的な**難聴**となる。航空機やエレベーターで感じる耳の違和感が、この作用にあたる。

A124
物理化学的な**刺激**の量と人間が意識する感覚の強度との関係は、一般的には**直線的な比例関係**ではない。感覚を感じる最小の**刺激量**を超えると、感覚の強さが急に強くなり、**刺激量**が非常に大きいと、今度はその変化を感じにくくなる。

A125
後半部は「同じ**臭気**に対しては疲労しやすく、しばらくすると**匂い**を感じなくなる」である。嗅覚と味覚は**化学感覚**ともいわれ、物質の化学的性質を認知する感覚である。

A126
皮膚感覚の中では、**痛覚点**の密度が最も大きいため誤り。設問文中の温度感覚は、皮膚のほか口腔などの粘膜にも存在し、一般に冷覚のほうが温覚よりも鋭敏である。

試験合格への道! 耳の器官の中でも、特に「前庭、半規管は平衡感覚、蝸牛は聴覚」と覚えておきましょう。

Q127
☑☑☑

深部感覚は、内臓の動きや炎症などを感じて内臓痛を認識する感覚である。

（必須）

2 環境条件による人体の機能の変化 / ①生体恒常性（ホメオスタシス）

Q128
☑☑☑

寒冷にさらされて体温が正常以下になると、皮膚の血管が拡張して血液量を増し、皮膚温を上昇させる。

Q129
☑☑☑

暑熱な環境においては、内臓の血流量が増加し体内の代謝活動が亢進することにより、人体からの熱の放散が促進される。

（必須）

Q130
☑☑☑

体温調節のように、外部環境が変化しても身体内部の状態を一定に保つ生体の仕組みを同調性といい、筋肉と神経系により調整されている。

（必須）

Q131
☑☑☑

体温調節中枢は小脳にあり、産熱と放熱とのバランスを維持し、体温を一定に保つよう機能している。

Q132
☑☑☑

産熱は、主に栄養素の酸化燃焼や分解などの化学的反応によって行われ、放熱は、ふく射（放射）、伝導、蒸発などの物理的過程で行われる。

Q133
☑☑☑

発汗には、体熱を放散する役割を果たす温熱性発汗と精神的緊張や感動による精神性発汗とがあり、労働時には一般にこの両方が現れる。

Q134
☑☑☑

発汗量が著しく多いときは、体内の水分が減少し血液中の塩分濃度が増加するため、けいれんを起こすことがある。

試験合格への道！ 身体内部の状態を一定に保つ「恒常性（ホメオスタシス）」はよく試験に出るので、言葉を覚えておきましょう。

A127
深部感覚は、**筋肉や腱**にある受容器から得られる身体各部位の位置や運動などの感覚である。具体的には、目隠しをした状態でも手足の位置を認識することができるなど。

 A128
寒冷にさらされると皮膚の血管は**収縮**し、皮膚の血液量が**減少**する。これにより皮膚温は**低下**する。

 A129
暑熱な環境では、**体表面**の**血液量**が増加して体表からの放熱が促進される。また、体内の代謝活動を抑制することで、**産熱量**が減少する。

 A130
身体内部の状態を一定に保つ生体の仕組みを**恒常性（ホメオスタシス）**といい、**自律神経系**と**内分泌系（ホルモン）**により調整されている。

 A131
体温調節中枢は**間脳**の**視床下部**にあり、産熱と放熱とのバランスを維持し、体温を一定に保つよう機能している。

 A132
放熱（熱の放散）は、設問のように**ふく射（放射）**、**伝導**、**蒸発**などの物理的な過程で行われる。蒸発によるものには、**発汗**と**不感蒸泄**がある。

 A133
発汗の種類には、体熱を放散する役割を果たす**温熱性発汗**と、精神的緊張や感動、ストレスによる**精神性発汗**とがある。温熱性発汗は、全身でみられ、精神性発汗は足の裏や手のひらなどで多くみられる。

 A134
発汗が著しく多いときは、発汗により多量の**塩分**が体外に排出される。このため、体内の塩分濃度が**低下**して**けいれん**を起こすことがある。

 試験合格への道！ 体温調整などは恒常性（ホメオスタシス）の典型例。問題で「同調性」と表現されていたら、誤りです。

Q135
✓✓✓
必須

発汗していない状態でも皮膚や呼吸器から若干の水分の蒸発がみられるが、この不感蒸泄に伴う放熱は全放熱量の10%以下である。

Q136
✓✓✓

計算上、100mLの汗が体重70kgの人の体表面積から蒸発すると気化熱が奪われ、体温を約1℃下げることができる。

---

3 労働による人体の機能の変化/①ストレス

Q137
✓✓✓

ストレスにより、自律神経系と内分泌系とのバランスが崩れ、精神神経科的疾患または内科的疾患が生じる場合がある。

Q138
✓✓✓

典型的なストレス反応として、副腎皮質ホルモンの分泌の著しい減少がある。

Q139
✓✓✓

ストレスに伴う心身の反応には、ノルアドレナリン、アドレナリンなどのカテコールアミンや副腎皮質ホルモンが深く関与している。

Q140
✓✓✓

個人の能力や感性に適合しないストレッサーは、心理的には不安、焦燥感、抑うつ感などを、身体的には疲労を生じることがある。

Q141
✓✓✓

ストレスによる精神神経科的疾患として、抑うつ、神経症などがある。

試験合格への道! Q136は体重70kgの場合での計算上、体温を1℃下げるカロリーと一致します。体重が70kg以外で出題された場合の解答は×です。

A135 ✕

皮膚や呼吸器からの水分蒸発に伴う放熱は全放熱量の**25%**で、蒸発する水分は1日約**850**mLとなり、これを**不感蒸泄**という。

A136 ◯

水の気化熱は1mL（1g）につき約**0.58**kcalのエネルギーが必要である。100mL（100g）蒸発するには約**58**kcal必要となる。人体の比熱は約**0.83**であるので、70kgの人の熱容量は70×**0.83**＝58.1kcalとなる。これは水が約100mL（100g）蒸発するのとほぼ同じで、汗を100mL（100g）かくと体温は**1**℃下がる。

A137 ◯

過度なストレスがあると、自律神経や内分泌系による**ホメオスタシス**の維持ができなくなり、**免疫力**が低下する場合がある。具体的には、発汗や手足の震えなど、自律神経系の障害が生じることがある。

A138 ✕

典型的なストレス反応として、副腎皮質ホルモンの分泌の著しい**亢進**（こうしん）がある。

A139 ◯

カテコールアミンは**神経伝達**物質で、ノルアドレナリン、**アドレナリン**、**ドーパミン**や関連薬物の基本骨格となっている。

A140 ◯

ストレスに対する反応は、**個人差**が大きい。なお、個人にとって適度な**ストレッサー**は、身体的には活動の亢進を、心理的には意欲の向上、作業後の爽快感、満足感等を生じさせる。

A141 ◯

ストレスによる精神神経科的疾患には、抑うつなど**気分障害**や**神経症性障害**などがある。

試験合格への道！ ストレス反応として、副腎皮質ホルモンの分泌が著しく亢進（増加）することがあります。

Q142 ☑☑☑ ストレスによる内科的疾患として、高血圧症、狭心症、十二指腸潰瘍などがある。

Q143 ☑☑☑ 昇進や昇格、転勤、配置換えなどがストレスの原因となることがある。

Q144 ☑☑☑ 外部環境からの刺激すなわちストレッサーは、その形態や程度にかかわらず、自律神経系と内分泌系を介して、心身の活動を抑圧する。

Q145 ☑☑☑ 職場環境の騒音、気温、湿度、悪臭などがストレスの原因となることがある。

4 疲労およびその予防／①疲労

Q146 ☑☑☑ 睡眠と覚醒のリズムのように、約1日の周期で繰り返される生物学的リズムをサーカディアンリズムといい、このリズムの乱れは、疲労や睡眠障害の原因となる。

Q147 ☑☑☑ 睡眠は、睡眠中の目の動きなどによって、レム睡眠とノンレム睡眠に分類される。

Q148 ☑☑☑ **必須** 睡眠中には、副交感神経系のはたらきが活発になる。

Q149 ☑☑☑ 甲状腺ホルモンは、夜間に分泌が上昇するホルモンで、睡眠と覚醒のリズムの調節に関与している。

試験合格への道! 21ページの表「ストレスによる生体反応」を確認しておきましょう。

ストレスによる内科的疾患には、**高血圧**症や狭心症、十二指腸潰瘍、**過敏性腸症候群**などがある。

一般的には喜ばしいこととされている**昇進**や**昇格**などもストレスの原因となることがある。

ストレッサーの**強弱**や質に応じて、**ホルモン**の分泌が亢進したり減少したりする。

A145 ○

騒音や悪臭を**物理**的ストレスという。

A146 ○

設問の通りである。夜間に働いた後の昼間に睡眠する場合は、一般に、就寝から入眠までの時間が長くなり、**睡眠時間**が短縮し、睡眠の質が低下する。

A147 ○

レム睡眠は大脳を**活発化**するための眠りであり、ノンレム睡眠は大脳を**鎮静化**するための眠りである。入眠直後から前半には**ノンレム睡眠**が生じ、これが不十分なときは日中に**眠気**をもよおしやすい。

A148 ○

睡眠中には**副交感神経**のはたらきが活発になって、心身の安定を図るよう調節が行われている。睡眠中には、**体温の低下**、**心拍数の減少**などがみられることも押さえておこう。

A149 ✕

「甲状腺ホルモン」ではなく、「**メラトニン**」である。メラトニンは脳の**松果体**から分泌されるホルモンで**睡眠ホルモン**ともいわれている。

試験合格への道！ 睡眠中は交感神経ではなく、副交感神経が活発になります。15ページの表「末梢神経系」を確認して覚えておきましょう。

Q150
☑☑☑
必須

睡眠と食事は深く関係しているため、就寝直前の過食は、肥満のほか不眠を招くことになる。

Q151
☑☑☑
必須

疲労の自覚的症状や他覚的症状を捉えるために、厚生労働省の「労働者の疲労蓄積度自己診断チェックリスト」などの調査票により、自覚症状を調べる方法は適切である。

Q152
☑☑☑
必須

疲労の自覚的症状や他覚的症状を捉えるために、BMI測定により、健康状態を調べる方法は適切である。

Q153
☑☑☑

疲労の自覚的症状や他覚的症状を捉えるために、単位時間当たりの作業量などにより、作業能率を調べる方法は適切である。

Q154
☑☑☑

疲労の自覚的症状や他覚的症状を捉えるために、心拍変動(HRV)解析により、自律神経の機能を調べる方法は適切である。

Q155
☑☑☑

身体活動強度(METs：メッツ)は、身体活動の強さを表す指標で、歩行している状態が1メッツである。

Q156
☑☑☑

産業疲労は、生体に対する労働負荷が大きすぎることにより引き起こされ、その回復や蓄積には、仕事だけでなく日常生活も関わっている。産業疲労は、疲労兆候の現れ方により、急性疲労、慢性疲労、日周性疲労などに分類することができる。

試験合格への道! 22ページの表「疲労の検査方法」を参考に、検査名と内容を正しく覚えておきましょう。

A150 極度の**空腹**も不眠の原因となるため、非常に軽い食事をとるのも良い睡眠を得るための1つの方法だといわれている。

 A151 「労働者の疲労蓄積度自己診断チェックリスト」には**労働者**用と**家族**用とがあり、過重労働の状態をチェックできる。

 A152 BMIは、**やせ**や**肥満**の程度を表す数値である。

 A153 作業能率は、**疲労**により低下する。

 A154 心拍変動(HRV)解析は、疲労度に応じて**自律神経**の機能が不安定になり、**環境**への対応能力が悪くなっていく状態を調べることができる。

 A155 身体活動強度(METs:メッツ)は、**身体活動の強さ**を表す指標で、その**安静**時の何倍に相当するかを表す。歩行している状態は、3メッツである。

A156 産業**疲労**の回復や蓄積には、**日常生活**も関わっている。また、作業の各局面で生じる疲労を後へ持ち越さないようにすることは、産業疲労の対策として大切なことである。

●「労働安全衛生法」からは「安全衛生管理体制」「一般健康診断」「安全衛生教育」がよく出題されています。

●「労働安全衛生法関係省令」からは「空気調和設備等による調整」の出題頻度が高くなっています。「労働基準法」では、「労働時間等」「就業規則」に関する出題が多いので重点的に学習しましょう。

1 労働安全衛生法

1 安全衛生管理体制　　頻出度 ★★★

①総括安全衛生管理者 ☑☑☑

　業種により、常時労働者を100〜1,000人以上使用する場合、総括安全衛生管理者を1人選任しなければならない。

CHECK! 総括安全衛生管理者の選任が必要な業種

	業種の区分	労働者数
①屋外産業的業種	林業、鉱業、建設業、運送業、清掃業	常時100人以上
②屋内産業的業種 工業的業種	製造業、電気業、ガス業、熱供給業、各種商品卸売業、各種商品小売業(百貨店)、旅館業など	常時300人以上
③屋内産業的業種 非工業的業種	金融業、保険業、医療業など	常時1,000人以上

※14日以内に選任し、遅滞なく所定の選任報告書を所轄労働基準監督署長に届け出なければならない(衛生管理者、産業医についても同様)。なお、代理者の選任も必要(衛生管理者についても同様)。

②衛生管理者 ☑☑☑

　衛生管理者の資格には第1種と第2種があり、金融業、サービス業、商店などでは第2種衛生管理者免許で足りるが、製造加工業、医療業な

得点を上げるゴロ 労働安全衛生法総則
希望順に席について自習、暗記するのは県の食関係。
危害防止基準、責任体制、自主的活動、安全・健康、職場環境形成

どでは第1種衛生管理者免許を有している者でなければならない。

CHECK! 衛生管理者の職務

①**安全衛生に関する方針**の表明に関すること、衛生に関する技術的事項を管理すること。

②**健康診断**の実施など、健康の保持増進のための措置に関する業務。

③労働者の安全や衛生のための**教育**の実施に関する業務。

④**労働災害**の原因の調査と再発防止対策に関する業務。

⑤少なくとも**毎週1回**、作業場を巡視すること。

衛生に関する技術的事項を管理すること。

CHECK! 衛生管理者に必要な資格

・衛生管理者免許（第1種・第2種）
・<u>衛生工学衛生管理者免許</u>
・<u>労働衛生コンサルタント</u>、医師、など

第2種でOK

第1種が必要

全業種、事業場の常時使用労働者数が**50**人以上である場合、規模に応じて定められた人数以上の衛生管理者を選任する義務が生じる。

CHECK! 衛生管理者選任数

労働者数	選任数
<u>50</u>人以上～<u>200</u>人以下	<u>1</u>人以上
<u>200</u>人超～<u>500</u>人以下	<u>2</u>人以上
<u>500</u>人超～<u>1,000</u>人以下	<u>3</u>人以上
<u>1,000</u>人超～<u>2,000</u>人以下	<u>4</u>人以上
<u>2,000</u>人超～<u>3,000</u>人以下	<u>5</u>人以上
<u>3,000</u>人超	<u>6</u>人以上

得点を上げる ゴロ

衛生管理者の種類
金さんが笑点に出て成敗するも、遺憾の意を示す。
金融業・サービス業・商店等：2種、製造業・医療業等：1種

衛生管理者の専任要件としては、2人以上の衛生管理者を選任する場合であっても、**専任**は1人でよいこととされている。

CHECK! 衛生管理者の専任要件

①常時使用労働者数**1,000人超**の事業場。

②常時使用労働者数**500人超**の事業場で、一定の有害業務に常時**30人以上従事**させる場合。

※②の場合で、高熱物体を取り扱う業務などの一定の業務については、少なくとも1人は**衛生工学衛生管理者免許**の所有者のうちから選任しなければならない。

衛生管理者は、原則としてその事業場に**専属**であることが必要である。ただし、2人以上の衛生管理者を選任する場合において、**労働衛生コンサルタント**資格の所有者が含まれているときは、その資格を有する者のうち1人のみ、専属不要となる。なお、衛生管理者には、少なくとも**毎週1回**の作業場を巡視する義務がある。

図1 衛生管理者を2人以上選任するときの専属の例外

③産業医 ☑ ☑ ☑

全業種において、事業場が常時使用労働者数50人以上である場合は**1人以上**、常時使用労働者数**3,000人**を超えるなら**2人以上**の産業医を選任しなければならない。また、専属要件も以下のように定められている。

CHECK! 産業医の専属要件

①常時**1,000人以上**の労働者を使用する事業場。

②一定の**有害業務**(深夜業を含む)に、常時**500人以上**の労働者を従事させる事業場。

 得点を上げる　ゴロ 衛生管理者の専任要件
ジョウロで仙人が水やり、常に氷食べたい夕顔咲くサマー。
①常時使用労働者1,000人、②常時使用労働者500人＋有害業務30人

専属	専任
その事業場にしか勤務していません	衛生管理者のみの仕事に従事しています
その事業場の従業員で、衛生管理者兼任。	その事業場の従業員だとしても衛生管理者の仕事のみ。

　産業医の職務は、以下の通り。なお、少なくとも**毎月1回***作業場など
を巡視し、**作業方法・衛生**状態に有害のおそれがあるときは、ただちに
労働者の健康障害を防止するための措置を講じなければならない。

＊所定の要件を満たしたときは2ヵ月に1回でよい。

> **CHECK!** 産業医の職務
>
> ①健康診断、**面接指導**等、ストレスチェックなどを実施し、その結果
> 　に基づく労働者の健康の保持増進を図るための措置に関すること。
> ②**作業環境の維持管理**に関すること。
> ③**作業の管理**に関すること。
> ④**労働者の健康管理**に関すること。
> ⑤**健康教育**、**健康相談**のほか、労働者の健康の保持増進を図るため
> 　の措置に関すること。
> ⑥**衛生教育**に関すること。
> ⑦労働者の**健康障害**の原因の調査と、再発防止の措置に関すること。

④**衛生推進者**　☑ ☑ ☑

　事業場の常時使用労働者数が**10人以上50人未満**である場合に1人、
衛生管理者の代わりに選任する必要がある（総括安全衛生管理者および
衛生管理者と同時に選任義務が生じることはない）。また、選任について
労働基準監督署長への報告義務はなく、事業場で**周知**すればよいこと
となっている。

得点を上げる ゴロ　産業医の職務
サツキと潤が作業し、ええ成果上げる。
産業医は月1で作業場を巡視、作業方法・衛生状態を点検する

⑤衛生委員会　☑ ☑ ☑

　全業種において、事業場の常時使用労働者数が**50**人以上である場合、設置義務が生じる。安全委員会も設置するときは、**安全**委員会と**衛生**委員会に代えて安全衛生委員会としてもよい。

　衛生委員会は**月1**回以上開催し、議事録は**3**年間保存しなければならない。議長および委員（事業者が指名）についての定めは、以下の通り。

CHECK! 衛生委員会の委員

議長	その事業場を統括管理する者、または**総括安全衛生管理者**。
委員	・**議長を除く委員の半数**は、労働組合または労働者の**過半数**の代表者の推薦に基づき、指名しなければならない。 ・**衛生管理者**と**産業医**は、必ず委員として指名しなければならない。ただし衛生管理者の**全員**である**必要**はなく、また**専属**の者を選任しなければならないわけでもない。 ・**作業環境測定士**を選任することができる（選任する場合は専属でなければならない）。 ・衛生管理者として選任している**労働衛生コンサルタント**を指名することができる。

2　安全衛生教育　　　　頻出度 ★★☆

①一般の雇い入れ時・作業内容変更時の安全衛生教育　☑ ☑ ☑

　安全衛生教育は、事業場の**規模**、労働者の**雇用形態**、雇用期間にかかわらず実施しなければならない。ただし、衛生管理者が講師である必要はなく、**記録**の保存義務もない。教育事項は以下の通り。

CHECK! 安全衛生教育の内容

❶機械など、原材料などの**危険性**や**有害性**とこれらの**取り扱い方法**に関すること。

❷安全装置や**有害物抑制装置**、保護具の**性能**と、これらの取り扱い方法に関すること。

得点を上げるゴロ　衛生委員会
ジョージが五輪車を月1で改造し、ジローと散歩する。
常時使用労働者50人、月1で開催し議事録は3年間保存する

❸**作業手順**に関すること。

❹作業開始時の**点検**に関すること。

❺当該業務に関して発生するおそれのある**疾病**の原因と予防に関すること。

❻整理・整頓と**清潔**の保持に関すること。

❼事故時などにおける応急措置と、**退避**に関すること。

❽前各号に掲げるもののほか、当該業務に関する安全・衛生のために必要な事項。

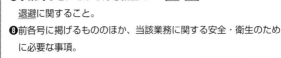

なお、十分な知識・技能を有すると認められる労働者については、上記の教育を省略することができる。

3 健康診断、面接指導 〔頻出度 ★★★〕

①一般健康診断 ☑ ☑ ☑

業種・規模を問わず、事業者は健康診断の実施義務を負い、定期健康診断は常時労働者50人以上の場合は、その報告書を**所轄労働基準監督署長**に提出する。健康診断実施後は、**異常**の有無にかかわらず結果を本人に通知しなければならない。健康診断の項目に**異常の所見がある**と診断された労働者には、健康を保持するために必要な措置について、健康診断が行われた日から**3**ヵ月以内に医師の意見を聴かなければならない。

なお、健康診断個人票の記録は**5**年間保存する必要がある。

CHECK! 健康診断の概要

健診の種類	対象労働者	頻度等	健康診断結果報告
雇い入れ時	常時使用する労働者	雇い入れの際。	×
定期	特定業務従事者以外	1年以内ごとに1回。	○
定期	特定業務(有害業務、深夜業務)従事者	配置替えの際と、6ヵ月以内ごとに1回。	○

得点を上げる ゴロ 健康診断(定期)
いちいち取っ手間違える無知。
1年以内ごと1回、特定業務は配置替え時と6ヵ月以内1回

海外派遣労働者	6ヵ月以上の海外派遣労働者	派遣前・派遣後。	×
給食従業員の検便	給食従事者	雇い入れの際、配置替えの際(定期不要)。	×

※海外派遣労働者の健康診断は医師が必要と認めた場合に行う。
　・派遣前に行う項目……血液型検査(ABO式およびRh式)
　・帰国後に行う項目……糞便塗抹検査

CHECK! 健康診断の省略の可否

	省略できない項目	省略できる項目
雇い入れ時	原則として、医師の判断で省略できない。	入社前3ヵ月以内に健康診断を受け、その証明書を提出したときは健康診断の重複項目。
定期	・既往歴、業務歴。 ・自覚、他覚症状の有無。 ・血圧、体重、尿検査。 ・35歳の者と40歳以上の者に対する貧血検査、肝機能検査、血中脂質検査、血糖検査、心電図検査。	一定の項目(一定年齢の身長や腹囲測定など)。

②長時間労働者に対する面接指導　☑☑☑

　すべての事業場において、医師による面接指導の実施義務がある。面接指導は、要件(1週間当たり40時間を超えて労働させた場合、その超えた時間(休日労働時間を含む)が1ヵ月当たり80時間を超え、疲労の蓄積が認められる)に当てはまる労働者の申し出により行われる。なお、面接指導を行う医師は産業医に限らない。

4　ストレスチェック　　　頻出度 ★☆☆

①ストレスチェック　☑☑☑

　業種・規模を問わず、常時労働者50人以上の労働者を使用する事業者は、労働者の心理的な負担の程度を把握するための医師、保健師等による検査(ストレスチェック)の実施義務を負う。ストレスチェックは、常

時使用する労働者に対し、1年以内ごとに1回、定期に、行わなければならない。事業者は、検査を受けた労働者に対し、当該検査を行った医師等から、遅滞なく、当該検査の結果が通知されるようにしなければならない。事業者は、検査を受けた労働者の同意を得て、当該検査を行った医師等から当該労働者の検査の結果の提供を受けた場合には、当該検査の結果に基づき、当該検査の結果の記録を作成して、これを**5年間保存**しなければならない。常時50人以上の労働者を使用する事業者は、**1年以内ごとに1回**、定期に、心理的な負担の程度を把握するための検査結果等報告書を**所轄労働基準監督署長**に提出しなければならない。

5 手続き、その他 　　`頻出度 ★☆☆`

①労働基準監督署長への報告義務 ☑ ☑ ☑

労働災害による休業日数が**4日**以上である場合は、遅滞なく**労働者死傷病報告**を労働基準監督署長に提出しなければならない。休業日数が4日未満である場合は、四半期ごとの提出で足りる。

まるおぼえ 01 面接指導 ☑ ☑ ☑

要件	休憩時間を除き、1週間当たり**40時間**を超えて労働させた場合、その超えた時間が1ヵ月当たり**80時間**を超え、疲労の蓄積が認められる者。ただし1ヵ月以内に面接指導を受けた労働者などで、面接指導を受ける必要がないと医師が認めた者を除く。
実施	要件に該当する労働者の**申し出**により行うものとする。
記録	事業者は、面接指導の結果に基づき結果の記録を作成し、**5年間**保存しなければならない。
意見聴取	面接指導の結果に基づく医師からの意見聴取は、面接指導実施後、**遅滞なく**行わなければならない。ただし、事業者の指定した医師以外の面接指導を受け、その結果を証明する書面を事業者に提出した場合にあっては、当該労働者がその書面を事業者に提出した後、遅滞なく行われなければならない。

`得点を上げるゴロ` 面接指導
一瞬の睡魔、チョークで一突きされた野獣のヒーロー。
1週間当たり40時間超の労働、超過が1ヵ月当たり80時間超で、疲労

1 労働安全衛生規則

頻出度 ★★★

①気積および換気 ☑ ☑ ☑

　労働者を常時就業させる屋内作業場の気積を、設備の占める容積および床面から<u>4</u>mを超える高さにある空間を除き、労働者1人について<u>10</u>m³以上としなければならない。

> **【参考】**常時60人の労働者を就業させる天井高3mの屋内作業場の気積が、設備の占める容積を除いて800m³となっていることは、労働安全衛生規則の衛生基準に違反するか。
> →　800m³÷60人≒13.33333…⇒10m³/人以上⇒労働安全衛生規則の衛生基準に違反しない。

　そのほか、気積と換気に関しては以下のような取り決めがある。

CHECK! 気積と換気

- 直接外気に向かって開放することができる部分の面積が、常時床面積の<u>20分の1以上</u>になるようにしなければならない。
- 屋内作業場の気温が<u>10℃以下</u>の場合は、換気に際し労働者を毎秒<u>1m以上</u>の気流にさらしてはならない。
- 事務室では<u>一酸化炭素の含有率を100万分の50以下</u>と、<u>二酸化炭素の含有率を100万分の5,000以下</u>としなければならない。
- 燃焼器具を使用する事務室や箇所には、排気筒・換気扇などの換気のための設備を設けなければならない。
- 燃焼器具を使用するときは<u>毎日</u>、器具の異常の有無を点検しなければならない。

開口部
床面積の
$\dfrac{1}{20}$ 以上

得点を上げる　気積と換気
ゴロ　柔道家が観客の1名と内通。
　　10℃以下での換気では、毎秒1m以上の気流にさらしてはならない

②採光、照度　☑☑☑

照明設備は**6ヵ月**以内ごとに1回、定期的に点検しなければならない。

CHECK! 作業面の照度基準

作業の区分	基準
一般的な事務作業	**300ルクス**以上
付随的な事務作業	**150ルクス**以上

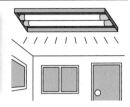

③休養室　☑☑☑

常時**50人**以上の労働者、または常時女性**30人**以上の労働者を使用するときは、労働者が臥床することのできる休養室か休養所を、男性用と女性用に**区別**して設けなければならない。

有害業務の場合は、**作業場外**に休憩設備を設けることとする。

④清掃等の実施　☑☑☑

日常行う清掃のほか、大掃除を**6ヵ月**以内ごとに**1回**、定期的・統一的に行わなければならない。

⑤食堂および炊事場　☑☑☑

食堂には、炊事従業員専用の休憩室と便所を設けることとする。また、食堂の床面積は、食事の際1人について1m²以上とする。なお、1回**100食**以上または1日**250食**以上の給食を行うときは、**栄養士**を置くよう努めなければならない。

2　事務所衛生基準規則　　〔頻出度 ★★★〕

①空気環境基準　☑☑☑

温度測定位置は事務室の中央、床上**75cm**以上**120cm**以下とする。**ホルムアルデヒド**は空気とほぼ同じ重さであるため、床上**50〜150cm**の範囲で測定する。

得点を上げる ゴロ　休養室・休養所の設置条件
吉祥寺にゴリラがうじょうじょいるサマー。
　常時50人、常時女性30人

CHECK! 空気調和設備を設けている場合の空気環境の基準

区分	基準
空気吹出口の浮遊粉じん量	**0.15**mg/m³以下
空気吹出口の一酸化炭素の含有率	**100万分の10（10**ppm）以下
空気吹出口の二酸化炭素の含有率	**100万分の1,000（1,000**ppm）以下
ホルムアルデヒド量	**0.1**mg/m³以下
室内の気流	毎秒**0.5**m以下
室内の気温	**18**℃以上**28**℃以下
室内の相対湿度	**40**％以上**70**％以下

②作業環境測定等 ☑☑☑

中央管理方式の空気調和設備を設けている建築物の室内で、事務所の用に供されるものについて**2**ヵ月に**1**回、定期に次に掲げる事項を測定し、その結果を記録して**3**年間保存しなければならない。この作業環境測定に関しては、労働基準監督署長への報告義務はない。

CHECK! 作業環境測定の測定項目

・**一酸化炭素と二酸化炭素**の含有率　・**室温と外気温**　・相対湿度

③点検等 ☑☑☑

機械による換気のための設備は、①初めて使用するとき、②分解して**改造**または**修理**を行ったとき、③**2**ヵ月以内ごとに**1**回、定期に異常の有無を点検し、その結果を記録して**3**年間保存しなければならない。

④騒音伝ぱの防止 ☑☑☑

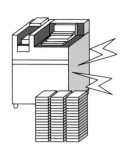

情報機器端末などの事務用機器で、騒音を発するものを**5**台以上集中して同時に使用するときは、騒音の伝ぱを防止するため、**遮音**・**吸音**の機能を持つ天井、壁で区画された専用の作業室を設けなければならない。

 空気環境基準
ストックホルムでの五輪のひとコマ、音頭とる菜々子は人妻。
ホルムアルデヒド：床上50〜150cm、温度：床上75〜120cm

まるおぼえ 02　作業場の衛生基準 ☑☑☑

照明設備		**6**ヵ月以内ごとに**1**回定期点検。
休養室	常時**50人以上**	男女別に設ける。
休養所	常時女性**30人以上**	
大掃除、ねずみ・昆虫の防除		**6**ヵ月以内ごとに**1**回。
便所　男性	**60人以内**ごと	大便房…原則**1**個以上。
	30人以内ごと	小便所…原則**1**個以上。
女性	**20人以内**ごと	便房…原則**1**個以上。

※①男女共用の独立個室型の便所は、条件を満たせば1つの便所として取り扱う。
※②同時に就業する労働者が常時10人以内である場合は、男性用、女性用を区別しない独立個室型の便所を設けることで足りる。
※②②以外の事務所では、男性用、女性用便所に加えて設ける独立個室型の便所を1つの便所として取り扱う。

まるおぼえ 03　点検等 ☑☑☑

設備	点検の内容	点検の頻度
空気調和設備の<u>冷却塔と冷却水の水管</u>	<u>汚れ</u>の状況について点検を行う。	**1**ヵ月以内ごとに**1**回必要に応じて、清掃などを行わなければならない。
空気調和設備内に設けられた<u>排水受け</u>	<u>汚れと閉塞</u>の状況の点検を行う。	
空気調和設備の<u>加湿装置</u>	<u>汚れ</u>の状況の点検を行う。	

3　労働基準法

1　解雇

頻出度 ★☆☆

①解雇制限　☑☑☑

　解雇とは、**使用者**が**労働者**との間で結んだ労働契約を一方的に解除することをいう。解雇は原則として<u>自由</u>に行うことができるが、労働基準法では、以下の特別の事情がある者については、**一定の期間**解雇してはならないと規定している。

得点を上げる
ゴロ

解雇制限（産前・産後の女性）
全然無意識にgo、ファミレス！
産前：<u>6</u>週間（多胎は14週間）、産後：<u>8</u>週間とその後30日間

77

CHECK! 解雇制限の原則と例外 ─────────────

原則	例外
①労働者が**業務上負傷**や疾病にかかり、療養のために休業する期間とその後**30**日間。 ②産前産後の女性の、①産前**6**週間(多胎妊娠の場合は**14**週間。請求があるときのみ)、②産後**8**週間の休業期間とその後**30**日間。	①使用者が、**打切補償**を支払う場合。 ②**天災事変**などのやむを得ない事由のために事業の継続が不可能となり、その事由について行政官庁(**所轄労働基準監督署長**)の認定を受けた場合。

②解雇予告 ☑ ☑ ☑

労働者が解雇すべき事由に該当したとしても、突然の解雇は労働者の生活に支障をきたす。解雇予告は、そのような状況にある労働者を保護するために設けられた規定である。

CHECK! 解雇予告の原則と例外 ─────────────

原則	例外
①少なくとも解雇の**30**日前にその予告をしなければならない。 ②30日前に予告をしない使用者は、30日分以上の平均賃金(**解雇予告手当**)を支払わなければならない。 ③予告期間+平均賃金支払日数=30日以上	①**天災事変**などのやむを得ない事由のために事業の継続が不可能となった場合。 ②**労働者の責めに帰すべき事由**に基づいて解雇する場合。 ※①、②ともにその事由について行政官庁(**所轄労働基準監督署長**)の認定を受けた場合に限る。

2 労働時間および休憩、休日・休暇 ［頻出度 ★★☆］

①法定労働時間 ☑ ☑ ☑

法定労働時間は、以下のように定められている。事業場を異にする場合であっても、労働時間は**通算**される。

法定労働時間の特例
ショーが過激で牽制する客、店員も一瞬で失神。
商業・映画・演劇、保健衛生、接客・娯楽業で常時10人未満:1週44時間まで

| 原則 | 休憩時間を除き、1日**8**時間で1週**40**時間である。 |
| 特例 | 商業、映画（映画の製作の事業を除く）・演劇業、保健衛生業、接客・娯楽業のうち常時**10**人未満の労働者を使用するものについては、1週につき**44**時間まで労働させることができる。 |

②時間外労働　☑☑☑

　法定労働時間を超える労働を、時間外労働という。使用者と労働者の**協定**によって許容されるが、**協定**を締結したときであっても、特定の業務については1日の時間外労働について、**2**時間以内に制限される。

CHECK! 時間外労働が許容される場合

- ・**時間外労働**の協定を締結したとき。
- ・**非常事由**や**公務**によるとき。
- ・**変形労働時間制**や**フレックスタイム制**などを導入しているとき。

③労使協定（36協定）　☑☑☑

　労使協定とは「使用者と、当該事業場に労働者の過半数で組織する**労働組合**がある場合においてはその**労働組合**、労働者の過半数で組織する労働組合がない場合においては労働者の**過半数**を**代表**する者との、**書面**による協定」をいう。

使用者　　労働者

得点を上げる　ゴロ

時間外労働
今日は低血糖、非常に混む遍路寺に触れたせいか？
協定の締結、非常時、公務、変形労働時間制、フレックスタイム制

④休憩 ☑ ☑ ☑

休憩については、時間の長さについて規定がある。

CHECK! 休憩時間の規制

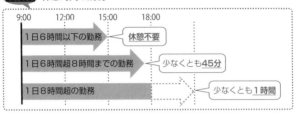

⑤休日 ☑ ☑ ☑

休日は、毎週少なくとも**1**日は付与しなければならない。その休日における労働を**休日労働**というが、**休日労働**をさせるためには、時間外労働と同様に休日労働の**協定**を締結し、これを**所轄労働基準監督署長**に届け出なければならない。

⑥割増賃金 ☑ ☑ ☑

労働者に**時間外労働**、**休日労働**、**深夜労働**をさせた場合には割増賃金を支払わなければならない。出来高払いや歩合制による賃金であっても支払いを要する。割増賃金の計算、割増率は下図の通り。

図2 割増賃金の計算と割増率

割増賃金 ＝ 通常の労働時間、または労働日の賃金 × 割増率

割増賃金の支払いが必要となるとき	割増率
時間外労働	**2**割**5**分以上
休日労働	**3**割**5**分以上
深夜（午後10時〜午前5時）労働	**2**割**5**分以上
時間外労働 ＋ 深夜労働	**5**割以上
休日労働 ＋ 深夜労働	**6**割以上

ただし、割増賃金を計算する際は、その基礎となる賃金から①**家族**手当、②**通勤**手当、③子女教育手当、④**住宅**手当、⑤別居手当、⑥臨時に支払われる賃金、⑦1ヵ月を超える期間ごとに支払われる賃金を除外して行う。

割増賃金

得点を上げる ゴロ

外人の都合で休日は都で外診、午後は休診でロック。
時間外＆深夜労働：**2**割**5**分、**休日労働：3**割**5**分、時間外＋深夜労働：
5割、休日＋深夜労働：**6**割

その他、割増賃金の規定は以下の通り。

CHECK! 割増賃金の主な規定

> • <u>休日労働</u>が、1日8時間を超えても深夜に及ばない場合は、休日労働に対する割増賃金のみを支払えばよい。
> • 延長された労働時間が<u>1ヵ月について60時間</u>を超えた場合は、その超えた労働時間については、通常の労働時間の賃金の計算額の<u>5割</u>以上の率で計算した割増賃金を支払わなければならない。
> • 労使協定により、1ヵ月について60時間を超えて時間外労働を行わせた労働者について、法定割増賃金率の引き上げ分の割増賃金に代えて、<u>有給の休暇</u>を与えることができる。
> • 時間外労働が深夜に及んだ場合、1ヵ月について60時間を超える労働時間の延長に係るものについては、<u>7割5分</u>以上の率となる。

⑦変形労働時間制 ☑ ☑ ☑

業務がある一定の**時季・期間**に集中する際に、一定の期間ごとに労働時間を変えることができる制度。

一定期間（1ヵ月以内または1年以内）における**週平均**労働時間が法定労働時間以内を条件として、1日において**8**時間、1週において**40**時間を超えて労働させることができる。その他の規定は、以下の通りである。

CHECK! 変形労働時間の規定

> • 1ヵ月単位の変形労働時間制を採用する場合には、<u>労使協定</u>か<u>就業規則</u>などにより、1ヵ月以内の一定の期間を平均し、1週間当たりの労働時間が<u>40</u>時間を超えないなど、この制度に関する定めをする必要がある。
> • 1ヵ月単位の変形労働時間制、1年単位の変形労働時間制を採用する場合は、<u>育児</u>を行う者などの特別の配慮を要する者について、これらの者が育児などに必要な時間を確保できるような配慮をしなければならない。

得点を上げるゴロ 割増賃金規定
炒ろう芯までひとつ残らず、ローマ産の女子。
時間外労働深夜まで　1ヵ月　60時間　7割5分

⑧みなし労働時間制 ☑ ☑ ☑

　事業場外で労働させる者の労働時間を算定し難いときは、原則として所定労働時間労働したものとみなす。

⑨フレックスタイム制 ☑ ☑ ☑

　法定労働時間の範囲内で一定の清算期間内における総労働時間を設定し、その総労働時間に達するように、労働者が1日の労働時間を自由に決定できる制度。この場合の清算期間は、3ヵ月以内とされている。

⑩労働時間等の適用除外 ☑ ☑ ☑

　以下の者については、労働時間等の規定から除外される。なお除外されるのは労働時間、休憩および休日に関する規定であって、深夜業・年次有給休暇の規定は適用範囲内である。

CHECK! 適用除外となる者

- 農業・水産業に従事する者。
- 管理・監督者、機密の事務を取り扱う者。
- 監視・断続的労働従事者で、所轄労働基準監督署長の許可を得た者。

⑪年次有給休暇 ☑ ☑ ☑

- 入社日から起算して6ヵ月間継続勤務し、出勤率が8割以上あるときは、10日の年次有給休暇を取得する権利(年休権)が発生する(その後は勤続年数1年ごとの出勤率が8割以上であるときに、勤続年数に応じた日数が10日に加算されて付与される)。
- 年次有給休暇は、労働者が指定した日に付与することが原則であるが、労使協定によって5日を超える部分につき、会社が時季を定めて計画的に付与することができる(計画年休)。
  (使用者は10日以上の年次有給休暇が付与される労働者に対して、毎年5日、時季を指定して与えることが義務づけられている。)
- 労使協定により、5日以内に限り、時間単位で有給休暇を与えることができる。

得点を上げるゴロ　年次有給休暇
乳酸たまるとむかしから筋肉痛、繁盛するマッサージ店。
入社日から起算して6ヵ月継続勤務・出勤率8割以上→10日

雇い入れ日から起算した継続勤務日数	付与日数
<u>6</u>ヵ月	<u>10</u>労働日
<u>1</u>年<u>6</u>ヵ月	<u>11</u>労働日
<u>2</u>年<u>6</u>ヵ月	<u>12</u>労働日
<u>3</u>年<u>6</u>ヵ月	<u>14</u>労働日
<u>4</u>年<u>6</u>ヵ月	<u>16</u>労働日
<u>5</u>年<u>6</u>ヵ月	<u>18</u>労働日
<u>6</u>年<u>6</u>ヵ月以上	<u>20</u>労働日

なお、**パートタイマー**のように所定労働日数が少ない労働者について
は、その1週間当たりの所定労働日数に比例した日数の年次有給休暇を
付与する（下図参照）。

図3　比例付与に該当する労働者と比例付与日数の計算方法

① 1週間の所定労働時間が**30時間未満**で、**1週間**の所定労働日数が**4日以下**の者。

② 1週間の所定労働時間が**30時間未満**で、**1年間**の所定労働日数が**216日以下**の者。

●計算は……

通常労働者の有給休暇日数	×	（比例付与対象者所定労働日数 ÷ 5.2）

年次有給休暇を取得した期間の賃金については、次の（1）～（3）のい
ずれかを用いることができる。

CHECK! 年次有給休暇取得時の賃金

（1）<u>平均賃金</u>。

（2）<u>所定労働時間労働</u>した場合に支払われる通常の賃金。

（3）健康保険法に定める<u>標準報酬月額の30分の1</u>に相当する額。

※（3）については労使協定が必要となる。

得点を上げる ゴロ 比例付与該当者
一所懸命な澤の一蹴シーンをいちいちファイル。
<u>1</u>週間の所定労働時間：<u>30</u>時間、①<u>1</u>週間<u>4</u>日以下、②<u>1</u>年<u>216</u>日以下

なお、年次有給休暇を付与する場合の出勤率を算定する場合に、出勤したものとみなす期間には以下の期間がある。

CHECK! 出勤とみなす期間

> （1）業務上負傷したり、疾病にかかり、療養のため休業した期間。
>
> （2）育児休業をした期間や介護休業をした期間。
>
> （3）産前産後の女性が産前産後の休業をした期間。
>
> （4）年次有給休暇取得日。
>
> （5）労働者の責めに帰すべき事由によるとはいえない不就労日（不可抗力による休業日、使用者側に起因する経営、管理上の障害による休業日、正当なストライキなどによって労働がまったくなされなかった日を除く）。

3 妊産婦保護の規定

頻出度 ★★☆

①産前産後休業 ☑ ☑ ☑

CHECK! 産前・産後の就業禁止の原則

産前**6**週間（多胎妊娠の場合は**14**週間）で、本人の請求があった場合。

産後**8**週間。

ただし産後については、産後**6**週間経過で本人の請求があり、医師が認めた業務であれば就業可能とされている。

②妊産婦の労働時間等の規制

妊産婦（妊娠中と産後1年を経過しない女性）については、その請求により、労働時間等に関する次の部分の就業が禁止される。ただし、フレックスタイム制は規制されない。

得点を上げる
ゴロ　出勤とみなす期間
有給の前後に、漁夫にしっぺ返し行くかい？
年次有給休暇、産前産後の休業、業務上の負傷・疾病、育児休暇・介護休暇

- 時間外・休日労働と深夜業（監督または管理の地位にある者などについては、時間外・休日労働をさせることは可能である）。
- 変形労働時間制を採用している場合で、1週間と1日のそれぞれの法定労働時間を超えた労働（監督または管理の地位にある者等の場合は除く）。

4 就業規則　　　　　　　　　頻出度 ★★★

①就業規則作成・届け出　☑☑☑

常時**10人以上**の労働者（パートタイマー含む）を使用する使用者は、**就業規則**を作成し、行政官庁（労働基準監督署）に届け出なければならない。また、その際には事業場の労働者の**過半数**で組織する労働組合か、労働者の**過半数**を代表する者の**意見書**（同意書ではない）を添付しなければならない。

就業規則は常時見やすい場所に掲示するか、各労働者に書面を交付するなどの方法によって、労働者に**周知**させなければならない。

意見書

必ず同意する必要はなく、規則への要望などが書かれていてもOK。

②就業規則記載事項　☑☑☑

就業規則には、必ず記載しなければならない**絶対的**必要記載事項と、定めがある場合に記載する**相対的**必要記載事項とがある。

絶対的**必要記載事項** いかなる場合でも必ず記載しなければならない事項	①労働時間・休日・休暇に関する事項 ②賃金に関する事項 ③退職に関する事項
相対的**必要記載事項** 制度として行う場合には記載しなければならない事項	①退職手当に関する事項 ②安全衛生に関する事項

得点を上げるゴロ
絶対的必要記載事項
老朽した旧家、賃貸できずショック。
労働時間・休日・休暇、賃金、退職

1　労働安全衛生法／①安全衛生管理体制

Q001
必須

常時300人以上の労働者を使用する各種商品小売業の事業場では、総括安全衛生管理者を選任しなければならない。

Q002

都道府県労働局長が労働災害の防止に必要があると認めたときは、総括安全衛生管理者の業務の執行について、事業者に勧告することができる。

Q003

所轄労働基準監督署長は、労働災害を防止するため必要があると認めるときは、事業者に対し、衛生管理者の増員または解任を命ずることができる。

Q004

総括安全衛生管理者は、選任すべき事由が発生した日から14日以内に選任しなければならない。

Q005

総括安全衛生管理者を選任したときは遅滞なく、選任報告書を所轄の労働基準監督署長に提出しなければならない。

Q006

総括安全衛生管理者が旅行や疾病、事故などのやむを得ない理由によって職務を行うことができないときは、代理者を選任しなければならない。

Q007
必須

労働者の健康を確保するため必要があると認めるとき、事業者に対し、労働者の健康管理などについて必要な勧告をすることは、事業者が衛生管理者に行わせるべき業務の1つである。

66ページ以降を参考に、総括安全衛生管理者、衛生管理者、産業医の選任について理解しておきましょう。

A001 総括安全衛生管理者は、事業場においてその事業の実施を**統括管理**する者（「これに準ずる者」ではないことに注意）をもってあてなければならないことも押さえておくこと。

 A002 **行政介入**の規定である。**都道府県労働局長**を労働基準監督署長と間違えないようにすること。

 A003 **行政介入**に関する規定である。設問とは別に、**産業医**にはこのような規定がない（独立性が保たれている）ことも押さえておこう。

 A004 **衛生管理者、産業医**にも同様の規定が設けられている。30日以内ではないので注意すること。

 A005 **衛生管理者、産業医**にも同様の規定が設けられている。

 A006 **衛生管理者**にも同様の規定が設けられているが、**産業医**には代理者の規定は設けられていない。

 A007 労働者の健康を確保するために必要があると認めるとき、**事業者**に対して労働者の健康管理などについて**勧告**をするのは**産業医**の業務である。衛生管理者にはこのような業務は規定されていない。

PART **❷** 関係法令（共通）

① 安全衛生管理体制

試験合格への道！ 巡視義務について、衛生管理者は毎週1回、産業医は毎月1回とそれぞれ覚えておきましょう。

Q008
常時50人以上の労働者を使用する警備業の事業場では、第2種衛生管理者免許を有する者のうちから衛生管理者を選任することができる。

Q009
常時300人の労働者を使用する運送業の事業場において、第1種衛生管理者免許を有する者のうちから衛生管理者を2人選任していることは、法令に違反していない。

Q010
衛生管理者は、選任すべき事由が発生してから30日以内に選任しなければならない。

Q011
常時40人の労働者を使用する金融業の事業場において、衛生管理者は選任していないが、衛生推進者を1人選任していることは、法令に違反していない。

Q012
衛生管理者は、少なくとも毎月1回作業場等を巡視し、設備、作業方法などに有害のおそれがあるときは、ただちに、労働者の健康障害を防止するため必要な措置を講じなければならない。

Q013
常時600人の労働者を使用する各種商品小売業の事業場において、3人の衛生管理者のうち2人を事業場に専属で第1種衛生管理者免許を有する者のうちから選任し、ほかの1人を事業場に専属でない労働衛生コンサルタントから選任していることは、法令に違反していない。

専属とは、事業場に所属することで、従業員であるということです。

A008 農林畜水産業、鉱業、建設業、製造業、電気・ガス・水道業、熱供給業、運送業、自動車整備業、機械修理業、医療業、清掃業以外の業種は、第**2**種衛生管理者免許を有する者のうちから衛生管理者を選任することができる。

 A009 製造加工業、建設業、運送業、医療業、清掃業等は、第**1**種衛生管理者免許を有する者のうちから選任しなければならない。設問の選任人数は、労働者数が300人であるので、衛生管理者を**2**人以上選任していれば法令に違反していない。

 A010 30日以内ではなく、**14**日以内である。

 A011 常時**40**人の事業場では、衛生管理者を選任する必要はない。また常時**10**人以上**50**人未満に該当する金融業（その他の業種に該当）は、衛生推進者を選任していればよい。

 A012 **毎月**1回ではなく、**毎週**1回である。

 A013 常時500人超1,000人以下の労働者を使用する事業場では、**3**人以上の衛生管理者を選任しなければならない。そのうち**1**人は事業場に専属でない**労働衛生コンサルタント**でもよい。

PART **2** 関係法令（共通）

① 安全衛生管理体制

試験合格への道! 金融業・サービス業・商店などは第2種免許で足りますが、製造業・医療業・清掃業などは第1種免許が必要です。

Q014

常時1,200人の労働者を使用する各種商品卸売業の事業場において、第2種衛生管理者免許を有する者のうちから衛生管理者を4人選任し、そのうち1人を専任の衛生管理者としているが、ほかの3人にはほかの業務を兼務させていることは、法令に違反していない。

Q015

常時200人の労働者を使用する医療業の事業場において、衛生工学衛生管理者免許を有する者のうちから衛生管理者を1人選任していれば法令に違反していない。

Q016

産業医を選任した事業者は、その事業場における産業医の業務の具体的内容、産業医に対する健康相談申出の方法、産業医による労働者の心身の状態に関する情報の取り扱いの方法を、各作業場の見やすい場所に常時掲示し、または備えつけるなどの方法で、労働者に周知させなければならない。

Q017

常時使用する労働者数が50人以上の事業場において、産業医研修の修了者等の所定の要件を備えた医師であっても、当該事業場においてその事業を統括管理する者は、産業医として選任することはできない。

Q018

常時3,000人を超える労働者を使用する事業場では、産業医を2人以上選任しなければならない。

Q019

産業医は、労働者の健康を確保するために必要があると認めるときは、事業者に対し、労働者の健康管理などについて必要な勧告ができる。

 産業医の選任数について、常時使用労働者数が3,000人超なら2人以上の選任義務が必要となります。

A014
○

常時1,200人の労働者を使用する事業場では、**4人以上**の衛生管理者を選任しなければならない。常時**1,000人を超える**事業場では、**専任**の衛生管理者を**1**人選任する必要がある。

A015
○

常時**50**人以上**200**人以下の労働者を使用する医療業の事業場においては、第1種衛生管理者を1人以上選任しなければならないが、衛生工学衛生管理者免許を有する者は、第1種衛生管理者となることができる。

A016
○

ほかに産業医を選任した事業者は、産業医に対し、労働者の業務に関する**情報**であって、産業医が労働者の健康管理等を適切に行うために必要と認めるものを**提供**しなければならないことも押さえておこう。

A017
○

法人の代表者や事業場において、その事業の実施を統括管理する者などは**産業医**として選任することはできない。なお、事業者は、総括安全衛生管理者や衛生管理者と異なり、産業医の代理者選任義務はないことも押さえておこう。

A018
○

常時使用労働者が3,000人を超える事業場では、産業医を**2**人以上選任しなければならない。なお、**50人以上3,000人**以下の事業場では1人以上選任すればよい。

A019
○

産業医の職務は「事業者に対する、労働者の健康管理などについての**勧告**」のほか、「衛生管理者に対する労働者の健康管理などについての**指導または助言**」などがある。

PART **②** 関係法令（共通）

① 安全衛生管理体制

専属の産業医は、常時使用労働者数が1,000人以上か、一定の有害業務（深夜業を含む）に常時使用労働者数500人以上の場合に必要です。

Q020
☑☑☑
必須

産業医は、衛生委員会を開催した都度作成する議事概要を、毎月1回以上に、事業者から提供されている場合には、作業場等の巡視の頻度を毎月1回以上から2ヵ月に1回以上にすることができる。

Q021
☑☑☑

深夜業を含む業務に常時100人以上の労働者を従事させる事業場では、その事業場に専属の産業医を選任しなければならない。

Q022
☑☑☑

事業者は、産業医が辞任したときまたは産業医を解任したときは、遅滞なく、その旨およびその理由を衛生委員会または安全衛生委員会に報告しなければならない。

Q023
☑☑☑

事業者が産業医に付与すべき権限には、労働者の健康管理等を実施するために必要な情報を労働者から収集することが含まれる。

Q024
☑☑☑

事業者は、産業医から労働者の健康管理等について勧告を受けたときは、当該勧告の内容および当該勧告を踏まえて講じた措置の内容（措置を講じない場合は、その旨およびその理由）を記録し、これを3年間保存しなければならない。

Q025
☑☑☑
必須

衛生委員会と安全委員会の設置に代えて、安全衛生委員会を設置することはできない。

Q026
☑☑☑
必須

事業場に専属ではないが、衛生管理者として選任している労働衛生コンサルタントを、衛生委員会の委員として指名することができる。

試験合格への道！ 衛生委員会の議長は、その事業場を統括管理する者か総括安全衛生管理者、またはそれに準ずる者のいずれかから選任されます。

事業者の同意を得ている場合でなければ、2ヵ月に1回以上とすることができない。また、衛生管理者が行う巡視の結果の提供を受けていることも必要である。

 常時**1,000**人以上の労働者を使用する事業場や一定の有害業務（**深夜業**を含む）に常時**500**人以上の労働者を従事させる事業場の産業医は、**専属**でなければならない。

 産業医は、**衛生委員会**または**安全衛生委員会**に対して労働者の健康を確保する観点から必要な**調査審議**を求めることができることも押さえておこう。

 事業者が産業医に付与すべき権限には、設問のほか**事業者**または**総括安全衛生管理者**に**意見**を述べること、労働者の健康確保のため緊急の必要がある場合、当該労働者に対して**必要**な**措置**の**指示**をすることがある。

 産業医は自己の職務に関する事項について、**総括安全衛生管理者**に対して**勧告**し、または**衛生管理者**に対して**指導**し、もしくは**助言**できることも押さえておこう。

 衛生委員会と安全委員会に代えて、**安全衛生委員会**を設けることができる。

 衛生委員会の委員である衛生管理者と産業医は、**専属**でなくてもかまわない。

 衛生委員会は全業種において、常時使用労働者数50人以上である場合、設置義務が生じます。

Q027
☑☑☑
(必須)

衛生委員会の議長となる委員は、原則として、総括安全衛生管理者または総括安全衛生管理者以外の者で事業場において、その事業の実施を統括管理する者、もしくはこれに準ずる者のうちから事業者が指名した者である。

Q028
☑☑☑
(必須)

衛生委員会の議長を除く全委員については、事業場に労働者の過半数で組織する労働組合がないときは、労働者の過半数を代表する者の推薦に基づき指名しなければならない。

Q029
☑☑☑
(必須)

当該事業場の労働者で、衛生に関し経験を有する者を衛生委員会の委員として指名することができる。

Q030
☑☑☑
(必須)

衛生委員会の開催の都度、遅滞なく、委員会における議事の概要を、書面の交付など一定の方法によって労働者に周知させなければならない。

Q031
☑☑☑
(必須)

衛生委員会は、毎月1回以上開催するようにし、重要な議事に係る記録を作成して、5年間保存しなければならない。

Q032
☑☑☑
(必須)

衛生委員会の付議事項には、労働者の精神的健康の保持増進を図るための対策の樹立に関することが含まれる。

試験合格への道! 衛生委員会は、毎月1回以上開催しなければいけません。

A027 〇

<u>総括安全衛生管理者</u>を選任する義務のない事業場では、事業の実施を<u>統括管理</u>する人か、**それに準ずる人**のうちから指名した人を議長とする。

 A028 ✕

議長を除く委員の**半数**は、労働者の過半数代表の**労働組合**か労働者の過半数の代表者の<u>推薦</u>に基づき、指名しなければならない。

 A029 〇

ほかには、**作業環境測定士**もその**事業場の労働者**であれば、衛生委員会の委員として**指名することができる**ことも押さえておこう。

 A030 〇

書面の交付以外には、常時各作業場の**見やすい場所**に掲示したり、**パソコン**で労働者が閲覧できる環境を整備する方法などが規定されている。

 A031 ✕

衛生委員会は**毎月1回以上**開催し、議事で重要なものについては、記録（議事録）を作成し、**3年間**保存しなければならない。

 A032 〇

衛生委員会の付議事項には、設問のほか①衛生に関する規定の作成に関すること、②危険性または有害性などの<u>調査</u>とその結果に基づき講ずる措置のうち、**衛生**に係るものに関すること、③安全衛生に関する計画（衛生に係る部分に限る）の作成・実施・評価および改善に関すること、④長時間にわたる労働による労働者の健康障害防止を図るための対策の樹立に関することなどがある。

PART **②** 関係法令（共通）

① 安全衛生管理体制

試験合格への道！ 安全衛生教育は、衛生管理者が講師である必要はありません。

②安全衛生教育

Q033 ☑☑☑ 労働者の作業内容を変更したときは、当該労働者に対し、その従事する業務に関する安全衛生教育を行わなければならない。

Q034 ☑☑☑ 新たに職務に就くこととなった職長に対しては、事業場の業種にかかわらず、一定の事項について安全衛生教育を行わなければならない。

Q035 ☑☑☑ 1ヵ月以内の期間を定めて雇用するパートタイム労働者については、雇い入れ時の教育を省略することができる。

Q036 ☑☑☑ 教育事項の全部または一部に関し、十分な知識・技能を有していると認められる労働者については、当該事項の教育を省略することができる。

Q037 ☑☑☑ 医療業の事業場においては、教育事項のうち、「作業開始時の点検に関すること」、「作業手順に関すること」については省略することができる。

Q038 ☑☑☑ 百貨店などの各種商品小売業の事業場においては、「作業手順に関すること」についての教育を省略することができる。

③健康診断、面接指導

Q039 ☑☑☑ **必須** 医師による健康診断を受けた後、3ヵ月を経過しない者を雇い入れる場合、その健康診断の結果を証明する書面の提出があったときは、その健康診断の項目に相当する雇い入れ時の健康診断の項目を省略することができる。

 安全衛生教育は、事業場の規模、労働者の雇用形態、雇用期間にかかわらず、実施しなければなりません。

A033 事業者は、労働者の**雇い入れ**時と労働者の**作業内容**を変更したときは、原則としてその業務に関する安全衛生教育を行わなければならない。

 A034 職長などの教育は、**建設業**などの労働災害の発生しやすい一定の業種において行われる。なお、2023年4月1日より、食料品製造業、新聞業・出版業・製本業および印刷物加工業が新たに対象業種となった。

 A035 **雇い入れ**時の安全衛生教育は、事業場の規模、労働者の雇用形態、雇用期間にかかわらず実施する必要がある。

 A036 十分な**知識・技能**を有すると認められる労働者については、当該事項についての教育を省略することができる。

 A037 医療業の事業場においては、「作業開始時の**点検**に関すること」、「**作業手順**に関すること」については省略することができない。

 A038 **百貨店などの各種商品小売業**の事業場では、「作業手順に関すること」についての教育を省略することはできない。

 A039 **雇い入れ時の健康診断**独自の省略規定である。定期健康診断の検査省略項目と混同しないように注意すること。

 70～71ページ「安全衛生教育」の内容をきちんと把握しておきましょう。

Q040 必須

☑☑☑

雇い入れ時の健康診断の結果に異常の所見があると診断された労働者について、事業者は健康診断実施日から3ヵ月以内に、必要な措置について医師の意見を聴かなければならない。

Q041 必須

☑☑☑

雇い入れ時の健康診断の結果については、その対象労働者数が50人以上となるときには、所轄労働基準監督署長に報告しなければならない。

Q042 必須

☑☑☑

雇い入れ時の健康診断項目のうち、聴力の検査は、35歳・40歳および45歳以上の者に対しては、1,000Hzおよび4,000Hzの音について行わなければならないが、その他の年齢の者に対しては、医師が適当と認めるその他の方法で行うことができる。

Q043 必須

☑☑☑

定期健康診断項目のうち尿検査については、厚生労働大臣が定める基準に基づき、医師が必要でないと認めるときは省略することができる。

Q044 必須

☑☑☑

事業者は、定期健康診断を受けた労働者に対しては、異常の所見が認められなかった者を含め、健康診断の結果を通知しなければならない。

Q045 必須

☑☑☑

深夜業を含む業務に常時従事する労働者に対し、6ヵ月以内ごとに1回、定期に健康診断を行っているが、胸部X線検査については、1年以内ごとに1回しか行っていないことは法令に違反していない。

Q046 必須

☑☑☑

面接指導の対象労働者とは、「休憩時間を除き1週間当たり40時間を超えて労働させた場合における、その超えた時間が1ヵ月当たり120時間を超え、疲労の蓄積が認められる者」である。

  71ページの表「健康診断の概要」を参考に、特に雇い入れ時と定期の内容を把握しておきましょう。

A040 雇い入れ時と定期の健康診断の項目に**異常の所見**があると診断された労働者については、その結果に基づき、健康を保持するために必要な措置について、健康診断が行われた日から**3**ヵ月以内に、**医師の意見**を聴かなければならない。

 A041 雇い入れ時の健康診断については、常時50人以上の労働者を使用する事業場であっても、雇い入れ時の健康診断の結果を所轄労働基準監督署長に**報告する必要はない**。

 A042 雇い入れ時の健康診断での聴力の検査は、設問のような代替方法は認められていない。なお、雇い入れ時の健康診断では、定期健康診断の場合のような「医師が必要でないと認める項目」について**省略**できるという規定がないことも注意すること。

 A043 定期健康診断の項目のうち、**既往歴・業務歴・自覚・他覚症状**の有無、**血圧・体重・尿検査**などは省略することはできない。

 A044 事業者は、**異常**の有無にかかわらず、定期健康診断の結果を本人に通知しなければならない。また、事業者は、健康診断の結果を**遅滞なく**当該労働者に通知しなければならない。

 A045 胸部X線検査については、**1**年以内ごとに**1**回行えばよい。

A046 面接指導の対象となる労働者の要件は「休憩時間を除き、1週間当たり**40**時間を超えて労働させた場合における、その超えた時間（休日労働時間を含む）が1ヵ月当たり**80**時間を超え、**疲労の蓄積**が認められる者」である。

 定期健康診断で、貧血検査、肝機能検査、血中脂質検査、血糖検査、心電図検査は、35歳の者と40歳以上の者に対して省略できません。

99

PART **2** 関係法令（共通） ③ 健康診断、面接指導

Q047

「面接指導の結果に基づき、労働者の健康を保持するために必要な措置について医師から聴取した意見」については、事業者が医師による面接指導の結果に基づく記録に記載しなければならない事項の1つとして定められている。

Q048
事業者は、面接指導を実施するため、タイムカードによる記録等の客観的な方法その他の適切な方法により、労働者の労働時間の状況を把握しなければならない。

Q049
事業者は面接指導の結果に基づき、労働者の健康保持に必要な措置について、面接指導実施日から3ヵ月以内に、医師の意見を聴かなければならない。

④ストレスチェック

Q050
すべての事業者は、常時使用する労働者に対し、1年以内ごとに1回、定期に、ストレスチェックを行わなければならない。

Q051
労働者へのストレスチェック事項は、「当該労働者の心理的な負担の原因」「当該労働者の心理的な負担による心身の自覚症状」および「他の労働者による当該労働者への支援」に関する項目である。

Q052
事業者は、ストレスチェックの結果、心理的な負担の程度が高い労働者全員に対し、医師による面接指導を行わなければならない。

Q053
ストレスチェックと面接指導の実施状況について、面接指導を受けた労働者数が50人以上の場合に限り、労働基準監督署長へ報告しなければならない。

 面接指導の結果に基づく医師からの意見聴取は、面接指導が行われた後、遅滞なく行わなければなりません。

A047 ○

設問のほか、医師による面接指導の結果に基づく記録に記載しなければならない事項として定められているものは、①面接指導を行った**医師**の氏名、②面接指導を受けた**労働者**の氏名、③面接指導を受けた労働者の**疲労の蓄積**の状況が挙げられる。

A048 ○

なお、事業者は、設問の労働時間の状況の記録を**3年間**保存しなければならない。面接指導の結果に基づいた労働者の記録は**5年間**保存であることと混同しないこと。

A049 ✕

面接指導の結果に基づく医師からの**意見聴取**は、原則として面接指導が行われた後、**遅滞なく**行わなければならない。

A050 ✕

「すべての事業者」ではなく、「常時**50人以上**の労働者を使用する事業者」である。ストレスチェックの実施者は、**医師**および**保健師**のほか、**歯科医師**、**看護師**、**精神保健福祉士**、**公認心理師**も含まれる。

A051 ○

ストレスチェックは設問の3領域に関する項目により検査を行う。**ストレスチェックの結果**は個人情報となるため、**ストレスチェックを受けた労働者**に直接通知されなければならない。**衛生管理者等**本人以外の者に通知を行ってはならない。

A052 ✕

事業者は、面接指導対象者から**申し出**があった場合のみ面接指導を行わなければならない。この場合**遅滞なく**面接指導を実施しなければならない。

A053 ✕

常時50人以上の労働者を使用する事業者は、1年に1回、定期にストレスチェックの検査結果等報告書を所轄の労働基準監督署長に提出しなければならない。

PART 2 関係法令（共通）

③健康診断、面接指導／④ストレスチェック

試験合格への道! 健康診断個人票と面接指導の記録は、5年間保存しなければなりません。

Q054
☑☑☑

派遣労働者が派遣中に労働災害により休業した場合の、労働者死傷病報告書の提出義務者は派遣元の事業者であり、その提出先は派遣元の所轄労働基準監督署長である。

2　労働安全衛生法関係省令／①労働安全衛生規則

Q055
☑☑☑
必須

常時就業させる場所の照明設備を、6ヵ月以内ごとに1回、定期に点検することは法令に違反していない。

Q056
☑☑☑

労働者を常時就業させる場所の作業面の照度を、一般的な事務作業については750ルクス、付随的な事務作業については200ルクスとしていることは基準に違反していない。

Q057
☑☑☑
必須

男性25人、女性25人の労働者を常時使用している事業場で、労働者が臥床することのできる休養室または休養所を、男性用と女性用に区別して設けていなくても法令に違反していない。

Q058
☑☑☑
必須

事業場に付属する食堂の炊事従業員について、専用の便所を設けているほか、一般従業員と共用の休憩室を設けていることは法令に違反していない。

Q059
☑☑☑
必須

有害業務を行っていない事業場において、直接外気に向かって開放することのできる窓の面積が常時床面積の1/25である屋内作業場に換気設備を設けていないことは法令に違反していない。

 77ページのまるおぼえ02「作業場の衛生基準」を参考に、各所の衛生基準を押さえておきましょう。

A054 ✕　労働者死傷病報告書の提出義務者は、「**派遣元および派遣先双方**」であり、その提出先は「**それぞれの所轄労働基準監督署長**」である。

A055 ○　常時就業させる場所の**照明**設備は、**6**ヵ月以内ごとに1回、定期的に点検しなければならない。

A056 ○　一般的な事務作業の場合は**300ルクス以上**、付随的な事務作業の場合は**150ルクス以上**であるので、違反していない。

A057 ✕　常時**50**人または常時女性**30**人以上の労働者を使用する事業場は、労働者が臥床することのできる**休養室、休養所**を、男性用と女性用に区別して設けなければならない。設問は、「常時50人（男性25人＋女性25人）以上の労働者を使用するとき」に該当するため、男女別の休養室または休養所を設けなければならない。

A058 ✕　炊事従業員専用の**休憩室・便所**を設けることが必要である。

A059 ✕　労働者を常時就業させる屋内作業場では、直接外気に向かって開放することができる部分の面積が、床面積の**20分の1**以上でなければならない。「**15分の1**」でよく問われる問題だが、15分の1（≒0.067）は20分の1（＝0.05）以上であり、衛生基準に則っていることに注意すること。

Q060
☑☑☑

ある屋内作業場の床面から4mを超えない部分の容積が150m³であり、かつ、このうちの設備の占める分の容積が55m³であるとき、法令上、常時就業させることのできる最大の労働者数は9人である。

Q061
☑☑☑

事業者は、ねずみや昆虫などの発生場所、生息場所やその被害の状況などについて、夏季に1回、定期に衛生診断を実施しなければならない。

Q062
☑☑☑

事業場に付属する食堂の床面積を、食事の際1人について約1.5m²となるようにしていることは法令に違反していない。

Q063
☑☑☑

日常行う清掃のほか、大掃除を1年以内ごとに1回、定期に統一的に行っていることは法令に違反していない。

Q064
☑☑☑
（必須）

燃焼器具を使用するときは、発熱量が著しく少ないものを除き、毎日、異常の有無を点検しなければならない。

②事務所衛生基準規則

Q065
☑☑☑

事務室において使用する機械による換気のための設備について、2ヵ月以内ごとに1回、定期に異常の有無を点検しなければならない。

Q066
☑☑☑
（必須）

空気調和設備の冷却塔や冷却水の水管、加湿装置の清掃を、それぞれ1ヵ月以内ごとに1回、定期に行わなければならない。

  労働者を常時就業させる屋内作業場の気積は、設備の占める容積と床面から4mを超える高さにある空間を除いて計算します。

A060 ◯

労働者を常時就業させる屋内作業場の気積（室の容積）は、設備の占める容積および床面から**4**mを超える高さにある空間を除き、労働者1人について、**10**m³以上としなければならない。設問では、作業場の4mを超えない部分の容積が150m³、設備の占める容積が55m³なので（150m³−55m³）÷10m³＝9.5となる。よって9人が正解である。

A061 ✕

事業者は、**夏季**に1回ではなく、**6**ヵ月ごとに1回、調査を実施しなければならない。その調査結果に基づき、**ねずみ**や**昆虫**などの発生を防止するため必要な措置を講じなければならない。

A062 ◯

食堂の床面積は、食事の際1人について**1**m²以上としなければならない。

A063 ✕

大掃除は、日常行う清掃のほか**6**ヵ月以内ごとに1回、定期的かつ統一的に行わなければならない。

A064 ◯

事業者は、毎日、燃焼器具の異常の有無を点検するほか、それを使用する事務室または箇所に排気筒・換気扇などの**換気のための**設備を設けなければならない。

A065 ◯

事務室において使用する機械による換気のための設備は、**2**ヵ月以内ごとに1回、定期に異常の有無を点検し、結果を記録して**3**年間保存しなければならない。

A066 ◯

空気調和設備の冷却塔や冷却水の水管、加湿装置の清掃は、それぞれ**1**ヵ月以内ごとに1回、定期に行わなければならない。

試験合格への道！　Q061の内容は、穴埋め問題で出題されても、対応できるようにしておきましょう。

PART **2** 関係法令（共通）

① 労働安全衛生規則／② 事務所衛生基準規則

Q067
☑☑☑

空気調和設備の加湿装置は、原則として1ヵ月以内ごとに1回定期に、汚れの状況を点検し、必要に応じてその清掃などを行わなければならない。

Q068
☑☑☑
(必須)

空気調和設備内に設けられた排水受けは、原則として、2ヵ月以内ごとに1回、定期にその汚れと閉塞の状況を点検し、必要に応じてその清掃などを行わなければならない。

Q069
☑☑☑

事務室の建築や大規模の修繕、大規模の模様替えを行ったときは、その事務室の使用開始後、所定の時期に1回、その事務室における空気中のホルムアルデヒドの濃度を測定しなければならない。

Q070
☑☑☑

中央管理方式の空気調和設備を設けている建築物の事務室については、6ヵ月以内ごとに1回、定期に、空気中の一酸化炭素および二酸化炭素の含有率を測定しなければならない。

Q071
☑☑☑

空気調和設備または機械換気設備を設けている場合は、室に供給される空気が、1気圧、温度25℃とした場合の当該空気中に占める二酸化炭素の含有率が100万分の1,000以下となるように、当該設備を調整しなければならない。

Q072
☑☑☑

空気調和設備を設けている場合は、室の気温が18℃以上28℃以下および相対湿度が40%以上60%以下になるように努めなければならない。

3 労働基準法/①労働時間および休憩、休日・休暇

Q073
☑☑☑
(必須)

1日8時間を超えて労働させることができるのは、時間外労働の労使協定を締結し、これを所轄労働基準監督署長に届け出た場合に限られている。

試験合格への道! 事務室の温度の測定は、事務室の中央で床上75cm以上120cm以下の範囲で測定します。

A067 ○

ただし、**1ヵ月を超える期間**、使用しない加湿装置については、使用しない期間は清掃などを行う必要はない。

 A068 ×

空気調和設備内に設けられた**排水受け**は、**1ヵ月以内ごとに1回**、**汚れ**と**閉塞**の状況を点検しなければならない。ただし、**1ヵ月を超える期間**使用しない排水受けについては、使用しない期間は清掃などを行う必要はない。

 A069 ○

事務室の建築や大規模の**修繕**、大規模の**模様替え**を行ったときは、その事務室の使用開始後、所定の時期に1回、その事務室における空気中の**ホルムアルデヒド**濃度を測定しなければならない。なお、所定の時期とは**6月〜9月**をいう。

 A070 ×

6ヵ月以内ごとに1回ではなく、**2ヵ月以内ごとに1回**であるので誤り。

 A071 ○

設問の場合、室に流入する空気が、特定の労働者に直接、継続して及ばないようにし、かつ、室の気流を**毎秒0.5m**以下としなければならない。

 A072 ×

相対湿度は**40%以上70%**以下になるように努めなければならないので誤り。

 A073 ×

設問の届け出（36協定）のほか、**非常事由**や**公務**によるとき、**変形労働時間制**や**フレックスタイム制**を導入しているときも時間外労働をさせることができるので誤り。

 試験合格への道! 79ページ「時間外労働が許容される場合」を参考に、しっかり覚えましょう。 107

Q074 ☑☑☑

労働時間に関する規定の適用については、事業場を異にする場合は労働時間を通算しない。

Q075 ☑☑☑
（必須）

所定労働時間が7時間30分の事業場において、延長する労働時間が1時間であるとき、45分の休憩時間を労働時間の途中に与えなければならない。

Q076 ☑☑☑
（必須）

監視または断続的労働に従事する労働者であって、所轄労働基準監督署長の許可を受けた者については、労働時間、休憩および休日に関する規定は適用されない。

Q077 ☑☑☑
（必須）

フレックスタイム制を採用するためには、就業規則により始業および終業の時刻を労働者の決定に委ねる旨を定め、かつ、労使協定により対象となる労働者の範囲、清算期間、清算期間における総労働時間等を定める必要がある。

Q078 ☑☑☑
（必須）

フレックスタイム制の清算期間は、6ヵ月以内の期間に限られる。

Q079 ☑☑☑

1ヵ月単位の変形労働時間制度に関する定めをした労使協定は、所轄労働基準監督署長に届け出る必要はないが、就業規則は届け出る必要がある。

Q080 ☑☑☑

1ヵ月単位の変形労働時間制度で労働させる場合には、育児を行う者などの特別な配慮が必要な者に対して、育児などに必要な時間を確保できるような配慮をしなければならない。

80ページの図「休憩時間の規制」を確認しましょう。

PART❷ 関係法令（共通）

① 労働時間および休憩、休日・休暇

A074　事業場を異にする場合であっても、**労働時間**は通算される。

A075　所定労働時間が7時間30分でも、1時間の労働時間延長により8時間を超えて労働させたことになるため、少なくとも**1時間**の休憩時間を**労働時間の途中**に与えなければならない。

A076　労働時間・休憩・休日の規定は、①農業・**水産**業に従事する者、②管理・監督者または**機密**の事務を取り扱う者、③**監視**・断続的労働従事者で**所轄労働基準監督署長**の許可を受けた者は適用されない。

A077　平成31年4月1日より清算期間が**3**ヵ月以内となり、労使協定は、清算期間1ヵ月以内の場合のみ届け出は不要となった。

A078　フレックスタイム制の清算期間は、**3**ヵ月以内に限られる。

A079　1ヵ月単位の変形労働時間制に関する定めをした**労使協定**は、**所轄労働基準監督署長**に届け出なければならないので誤りである。

A080　1ヵ月単位の変形労働時間制、1年単位の変形労働時間制を採用する場合は、**育児**を行う者などの特別な配慮が必要な者について、**育児**などに必要な**時間**を確保できるよう配慮しなければならない。

Q081 労働者の過半数で組織する労働組合(労働組合がない場合は労働者の過半数の代表者)との書面による協定により、年次有給休暇の5日を超える部分は、時季を定めて計画的に与えることができる。

Q082 年次有給休暇の付与に係る出勤率の算定において、法令に基づく育児休業や介護休業で休業した期間は、出勤しなかったものとみなせる。

Q083 週所定労働時間が25時間、週所定労働日数が4日である労働者であって、雇い入れの日から起算して3年6ヵ月継続勤務し、直近の1年間に全労働日の8割以上出勤した労働者に与えなければならない年次有給休暇の日数は、10日である。

Q084 監督や管理の地位にある者と機密の事務を取り扱う者については、年次有給休暇に関する規定は適用されない。

Q085 年次有給休暇の請求権は、1年間行使しなければ時効によって消滅する。

Q086 年次有給休暇の期間については、原則として最低賃金か平均賃金の100分の60の額の賃金を支払わなければならない。

Q087 労使協定により、時間単位で年次有給休暇を与える対象労働者の範囲、その日数(5日以内に限る)等を定めた場合において、対象労働者が請求したときは、年次有給休暇の日数のうち当該協定で定める日数について時間単位で与えることができる。

A081 ○

年次有給休暇は**労働者**が指定した日に付与することが原則だが、労使協定を結べば**5**日を超える部分について会社が時季を定めて付与することができる。これを年次有給休暇の**計画的付与**(**計画年休**)という。

A082 ×

法令に基づく育児休業や介護休業で休業した期間は、出勤したものとみなす。

A083 ○

原則として週所定労働時間が30時間未満かつ1週間の所定労働日数が4日以下の者は、以下の算式により年次有給休暇の付与日数が算定される(端数は切り捨てる)。

通常の労働者の有給休暇日数(設問の場合14日)×(比例付与対象者の週所定労働日数(4日)÷**5.2**≒10.76＝**10日**

A084 ×

監督や**管理**の地位にある者、**機密**の事務を取り扱う者は労働時間・休憩・休日の規定の適用除外だが、**年次有給休暇**や**深夜業**に関する規定は適用される。

A085 ×

年次有給休暇の時効は、**2**年間である。

A086 ×

年次有給休暇の期間につく賃金は、**平均**賃金、所定労働時間労働した場合に支払われる通常の賃金、**健康保険**法に定める標準報酬月額の30分の1に相当する額のいずれかである。

A087 ○

時間単位年次有給休暇の内容である。**5日以内**に限られることに注意すること。

PART **2** 関係法令(共通) ① 労働時間および休憩、休日・休暇

年次有給休暇の付与日数は、継続勤務日数によって異なります。83ページの表を参考にしてください。

111

②妊産婦保護の規定

Q088
☑☑☑
妊娠中の女性が請求した場合には、管理監督者等の場合を除き、他の軽易な業務に転換させなければならない。

Q089
☑☑☑
1年単位の変形労働時間制を採用している場合であっても、妊産婦が請求したら、管理監督者などの場合を除き、1週間および1日それぞれの法定労働時間を超えて労働させてはならない。

Q090
☑☑☑
フレックスタイム制を採用している場合であっても、妊産婦が請求したら、管理監督者等の場合を除き、フレックスタイム制による労働をさせてはならない。

Q091
☑☑☑
妊産婦が請求した場合には、管理監督者などの場合であっても深夜業をさせてはならない。

Q092
☑☑☑
使用者は、6週間（多胎妊娠の場合にあっては14週間）以内に出産する予定の女性が休業を請求した場合においては、その者を就業させてはならない。使用者は、産後8週間を経過しない女性を就業させてはならない。ただし、産後6週間を経過した女性が請求した場合において、その者について医師が支障がないと認めた業務に就かせることは、差し支えない。

管理監督者などは、労基法の労働時間、休憩および休日に関する規定の適用は除外されますが、深夜業・年次有給休暇の規定は適用されます。

A088
×

妊娠中の女性が請求した場合には、他の軽易な業務に転換させなければならない。管理監督者であっても同じである。

 A089
○

<u>1年</u>単位の変形労働時間制を採用している場合でも、妊産婦（妊娠中と産後1年を経過しない者）から**請求**があった場合、**管理監督者**などの場合を除いて、1週間および1日それぞれの法定労働時間を超えた就業は禁止される（1ヵ月単位の変形労働時間制を採用している場合も同じである）。

 A090
×

フレックスタイム制については、**妊産婦**などに関する特例規定は設けられていない。

 A091
○

妊産婦が**管理監督者**の場合は労働時間に関する規定が適用されないため、時間外労働・休日労働をさせてもかまわないが、**深夜**業については制限される。

 A092
○

産前は、**請求**があれば就業させてはならず、**産後8週間**は原則強制休業である。

PART **2** 関係法令（共通）

② 妊産婦保護の規定

試験合格への道! 84ページの「妊産婦保護の規定」の中の、「産前・産後の就業禁止の原則」を覚えておきましょう。

Q093
☑☑☑
生後満1年に達しない生児を育てる女性労働者は、育児時間を請求できる。

Q094
☑☑☑
育児時間は、必ずしも有給としなくてもよい。

Q095
☑☑☑
労使協定による時間外・休日労働をさせる場合、満18歳未満の者については、休日労働はさせることはできないが、満15歳以上の者であれば時間外労働を1日2時間を超えない範囲内でさせることができる。

③就業規則

Q096
☑☑☑
退職に関する事項（解雇の事由を含む）については、必ず就業規則に定めておく必要がある。

Q097
☑☑☑
就業規則は、常時作業場の見やすい場所へ掲示すること、各労働者に書面を交付すること等の一定の方法によって、労働者に周知させなければならない。

Q098
☑☑☑
（必須）
就業規則の作成または変更の手続きとして、事業場の労働者の過半数で組織する労働組合（その労働組合がない場合は、労働者の過半数を代表する者）の意見を聴かなければならない。

Q099
☑☑☑
就業規則は、その作成時に所轄労働基準監督署長に届け出ておけば、記載事項の変更の都度、届け出る必要はない。

試験合格への道！ ①労働時間・休日・休暇に関する事項、②賃金に関する事項、③退職に関する事項は、就業規則の絶対的必要記載事項です。

A093 育児時間は、休憩時間とは別の時間として請求できるもので、原則として、**1日2回**、1回当たり少なくとも**30分**の時間を請求できる。なお、請求しない女性労働者に対しては与える必要はない。

 A094 育児時間は**有給**、**無給**どちらでもかまわない。なお、育児時間は、育児時間を請求できる女性労働者が請求した時間に与えなければならない。

 A095 満18歳未満の者を**年少者**といい、労働基準法上特別の保護がなされている。年少者については、**36協定**による時間外・休日労働は適用されない(認められない)ので誤りである。

 A096 「労働時間・休日・休暇」「賃金」「退職(解雇の事由を含む)」に関する事項は、就業規則に必ず定めておかなければならない。

 A097 就業規則は常時見やすい場所に掲示するか、各労働者に書面を交付するなどの方法によって、労働者に**周知**させなければならない。

 A098 就業規則を所轄労働基準監督署長に届け出る場合は、事業場の労働者の過半数で組織する**労働組合**か、労働者の過半数を代表する者の**意見書**を添付する必要がある。**同意書**でないことに注意する。

 A099 就業規則の**作成**時・**変更**時には、使用者は事業場の労働者の過半数で組織する労働組合か、労働者の過半数を代表する者の**意見書**を添えて所轄労働基準監督署長への届け出が必要。

 就業規則の届け出には、意見書を添付します。同意書ではありません。 115

ココが出る！ **試験対策のポイント**

●「労働安全衛生法等」9問、「労働基準法」1問の計10問が出題され、「労働安全衛生法等」で基準点をクリアすることが必要です。

●「労働安全衛生法等」では、「特殊健康診断」「健康管理手帳」「有機溶剤中毒予防規則」「酸素欠乏症等防止規則」から出題頻度が高いので、確実に押さえておきましょう。

1 労働安全衛生法

1 安全衛生管理体制　　　　　頻出度 ★★★

①衛生管理者と産業医　☑ ☑ ☑

　衛生管理者は事業場の規模に応じて選任されるが、以下のように2人以上の衛生管理者を選任する場合、1人は**専任**とする必要がある。

CHECK! 衛生管理者の専任要件

（1）常時使用労働者数が**1,000**人超の事業場。

（2）常時使用労働者数**500**人超＋一定の有害業務に常時**30**人以上従事させる事業場。

※（2）において、高熱物体を取り扱う業務などの一定の業務については、少なくとも1人は衛生工学衛生管理者免許を有する者のうちから選任しなければならない。

　産業医は、全業種において常時**50**人以上の事業場に選任される。産業医についても、以下のように**専属**要件が規定されている。

CHECK! 産業医の設置要件

	常時使用労働者数**50**人以上である場合、1人以上選任。常時使用労働者数が3,000人を超える場合は**2**人以上。	
設置要件	専属要件	（1）常時使用労働者数**1,000**人以上の場合　　　………… 1人以上 （2）常時有害業務に**500**人以上従事させる場合　　　………… 1人以上

得点を上げる **ゴロ**　産業医の設置要件

ジョージがさん然と輝き、お礼する婦女。
常時使用労働者数が3,000人を超える場合は**2**人以上

CHECK! 有害業務での衛生管理者・産業医の専属専任

	衛生管理者（専任）	産業医（専属）
専属専任	常時**500人**を超え、下記の有害業務に常時**30人**以上従事。	常時有害業務に**500人**以上従事。
有害業務	・坑内労働。 ・多量の**高熱物体**を取り扱う業務、著しく暑熱な場所における業務。 ・多量の**低温物体**を取り扱う業務、著しく寒冷な場所における業務。 ・**ラジウム**放射線、エックス線などの有害放射線にさらされる業務。 ・土石、獣毛などの**じんあい**や粉末が飛散する場所における業務。 ・異常気圧下における業務。 ・身体に著しい**振動**を与える業務。 ・重量物の取り扱いなどの業務。 ・強烈な騒音を発する場所における業務。 ・鉛、水銀、クロム、ヒ素、黄りんなどの**有害物**の粉じんなどを発散する場所における業務。 ・その他**厚生労働大臣**の指定する業務。	左記の有害業務に、下記の業務を合わせたもの。 ・**深夜業**を含む業務。 ・水銀、ヒ素、黄りんなどに準ずる**有害物**を取り扱う業務。 ・病原体による**汚染**のおそれが著しい業務。

②作業主任者 ☑ ☑ ☑

現場で指揮をとったり機械などの点検を行ったりする作業主任者は、以下の業務において専属で選任しなければならない。

CHECK! 作業主任者の選任

選任	資格	作業
必要	各作業主任者免許	・**高圧室内**作業。 ・**ガンマ線**照射装置を用いて行う透過写真撮影作業。 ・**エックス線**作業（医療用を除く）。

得点を上げる　ゴロ　衛生管理者の専任要件

労働者の船長、五兆円を持って優雅に参上。
常時使用労働者1,000人超、常時使用労働者500人超と有害業務に30人以上

	・特定化学物質を製造し、または取り扱う作業。
	・鉛業務に係る作業（換気が不十分な場所におけるはんだ付け作業など、一定のものを除く）。
	・四アルキル鉛等業務。
技能講習	・酸素欠乏危険場所（ドライアイスを使用している冷蔵庫の内部の作業など）。
	・有機溶剤等を製造し、または取り扱う業務。
	・石綿等を取り扱う作業（試験研究のため取り扱う作業を除く）石綿等の試験研究のための製造等。
	・金属アーク溶接作業。
不要	・特定粉じん作業。　・騒音場所。 ・レーザー光線を扱う。　・廃棄物焼却。 ・立木の伐採（チェーンソーを用いる）。　・潜水作業。 ・試験研究の目的で特定化学物質・有機溶剤等を扱う。 ・自然換気が不十分な場所におけるはんだ付け。 ・超音波による作業。

2 機械等に関する規制 　頻出度 ★★☆

①定期自主検査 ☑ ☑ ☑

　事業者は、下記の設備や装置について、一定の期間内に1回、定期自主検査を行わなければならない。なお、定期自主検査の結果については労働基準監督署長に報告する義務はない。

CHECK! 定期自主検査の検査頻度等

設備等	定期自主検査の頻度	記録保存
ガンマ線照射装置	1ヵ月以内ごとに1回	
局所排気装置		
プッシュプル型換気装置		
除じん装置	1年以内ごとに1回	3年
排ガス処理装置		
排液処理装置		
特定化学設備	2年以内ごとに1回	

②譲渡等制限

　事業者は、次の機械などについては、厚生労働大臣が定める規格を具備しなければ、譲渡・貸与・設置してはならない。

得点を上げるゴロ 免許の必要な作業主任者
公室で頑張ってTOEIC受ける。
高圧室内作業・ガンマ線照射装置での透過写真撮影作業・エックス線作業

CHECK! 譲渡・貸与・設置制限のあるもの

①**防じん**マスク(ろ過材および面体を有するものに限る)。

②**防毒**マスク(亜硫酸ガス用、アンモニア
　用、一酸化炭素用、有機ガス用など)。

③**潜水器**。

④**再圧室**。

⑤排気量40cm³以上の内燃機関を有す
　る**チェーンソー**、その他。

⑥**ガンマ線照射装置**。

⑦防じんまたは防毒機能を有する**電動ファン付き**呼吸用保護具。

※送気マスク、聴覚保護具、防振手袋、化学防護服、酸素呼吸器、放射線測定器、検
　知管方式による一酸化炭素検定器については、このような制限はない。

3 有害物質に関する規制　　　　頻出度 ★☆☆

①製造等禁止物質　☑☑☑

　事業者は、下記の化学物質について、これらは発がん性があるため原
則として、**製造・輸入・譲渡・提供・使用**が禁止されている。

CHECK! 製造等禁止物質

・**ベータ-ナフチルアミン**およびその塩。

・**4-アミノジフェニル**およびその塩。

・**ベンジジン**およびその塩。

・ビス(クロロメチル)エーテル。

・黄りんマッチ。

・石綿(クロシドライト)など。

②製造許可物質

　事業者は、特定化学物質のうち、**第1類物質**を製造しようとするとき
は、あらかじめ**厚生労働大臣**の許可を受けなければならない(第2類・第
3類物質については、この規定はない)。製造許可物質であって、製造禁
止物質ではないことに留意。

得点を上げる ゴロ 譲渡・貸与・設置制限のあるもの
チェ！　人徳あるファンのセンス。
チェーンソー、防じん・防毒マスク、電動ファン付き呼吸用保護具、潜水器

CHECK! 製造許可物質

- **ジクロルベンジジン**およびその塩。
- **アルファ−ナフチルアミン**およびその塩。
- 塩素化ビフェニル（PCB）。
- オルト−トリジンおよびその塩。
- ジアニシジンおよびその塩。
- **ベリリウム**およびその化合物。
- ベンゾトリクロリド。

第1類特定化学物質
（製造許可物質）

4 安全衛生教育　　　　　　　頻出度 ★★☆

①特別教育　☑ ☑ ☑

　事業者は、次の業務に労働者を就かせるときは特別の教育を行わなければならない。**有機溶剤**業務、**特定化学物質**の製造等業務は特別教育が不要である。その特別教育の記録は**3**年間の保存義務がある。

　なお、「労働者に対する指導」「監督の方法に関すること」は特別教育の内容には含まれない。

CHECK! 特別教育を要する主な業務

- **高圧室内業務**。 ・ **チェーンソー**を用いる伐木業務。
- **廃棄物焼却炉**を有する廃棄物の焼却施設において、焼却灰などを取り扱う業務。
- **特定粉じん作業**に係る業務。 ・ **再圧室**を操作する業務。
- **酸素欠乏危険作業**（しょう油やもろみ、そのほか発酵するものの醸造槽の内部における作業など）。
- **エックス線・ガンマ線**照射装置を用いた透過写真撮影業務。
- **石綿**などが使用された建築物の解体作業など。

5 作業環境測定　　　　　　　頻出度 ★★★

①定義　☑ ☑ ☑

　適切な作業環境管理のためには、作業環境中にこれらの**有害な因子**がどの程度存在し、その作業環境で働く労働者がこれらの有害な因子にどの程度さらされているのかを把握する必要がある。

得点を上げる　製造許可物質
ゴロ　爺のベベは青いえんび服。
ジクロルベンジジン・ジアニシジン・ベリリウム・ベンゾトリクロリド・
アルファーナフチルアミン・オルト−トリジン・塩素化ビフェニル

　そのために実施するのが作業環境測定であり、**労働安全衛生法**では「作業環境の実態を把握するため、空気環境その他の作業環境について行うデザイン、サンプリングおよび分析(解析を含む)をいう」と定義されている。

作業環境測定の流れ

作業環境測定 ▶ 測定の結果の評価 ▶ 評価結果に基づく措置

CHECK! 作業環境測定の対象作業場

対象作業場	測定項目	測定回数	記録保存
酸素欠乏危険場所	空気中の酸素および硫化水素濃度。	その日の作業開始前のつど。	3年間。
坑内の作業場	①気温が28℃を超える作業…気温。	半月以内ごとに1回。	3年間。
	②通気設備のある作業場…通気量。		
	③炭酸ガスが停滞する作業場…ガス濃度。	1ヵ月以内ごとに1回。	
暑熱(溶融ガラスや金属など)、寒冷、多湿の屋内作業場	気温、湿度、ふく射熱。	半月以内ごとに1回。	3年間。
電離放射線業務の作業場	線量当量率または線量当量。	1ヵ月以内ごとに1回。	5年間。
放射性物質取り扱い作業場	空気中の放射性物質濃度。		
特定化学物質を製造、取り扱う屋内作業場※	これらの物質の空気中濃度。	6ヵ月以内ごとに1回。	3年間。
有機溶剤等を製造、取り扱う屋内作業場※			
著しい騒音(金属の圧延など)を発する屋内作業場	等価騒音レベル。		

 得点を上げるゴロ 坑内の作業場の作業環境測定
半月以内に**超**ジャンパー**通**がすごい**一突き**。
半月以内ごと：28℃超・通気設備、ひと月ごと：炭酸ガス

特定粉じん作業（型ば らし装置を用いての 砂型破壊、セメントの 袋詰めなど）が行われ る屋内作業場	粉じんの空気中濃 度と遊離けい酸の 含有率。	6ヵ月以内ご とに1回。	7年間。
石綿等を取り扱う屋 内作業場	空気中の石綿の濃 度。		40年間。
一定の鉛業務を行う 屋内作業場	空気中の鉛の濃度。	1年以内ごと に1回。	3年間。

※特定化学物質および有機溶剤等について、作業環境測定が義務づけられているの は第1類(種)と第2類(種)で、第3類(種)については作業環境測定の義務はない。
　　[参考]第3類特定化学物質：アンモニア、一酸化炭素、硝酸など。
　　　　　第3種有機溶剤等：ガソリン、石油ベンジンなど。

6 健康診断、健康管理手帳 　　頻出度 ★★★

①特殊健康診断 　☑ ☑ ☑

　事業者は、下記の有害業務に常時従事する労働者に対して、①雇い入 れの際、②配置替えの際、③その後定期に、特別の項目についての健康 診断(特殊健康診断)を行わなければならない。

　この特殊健康診断の結果については、事業場の規模にかかわらず結果 報告書を所轄の労働基準監督署長に提出する義務がある。

CHECK! 特殊健康診断の内容

業務内容	検査項目
高気圧作業(高圧室内業務・潜 水業務)	・四肢の運動検査。 ・鼓膜および聴力の検査。 ・肺活量の測定。 ・尿中の糖およびたんぱくの検査。
放射線業務	・白血球数、赤血球数。 ・白内障。 ・血色素量またはヘマトクリット値。 ・皮膚の検査。
特定化学物質(第1類、第2類) を製造または取り扱う業務	・特定化学物質によって異なる。

 得点を上げる ゴロ 作業環境測定
6ヵ月も石を叩けば特有の騒音と粉じん舞う。
6ヵ月以内ごと：石綿・特定化学物質・有機溶剤等・騒音・特定粉じん

有機溶剤を製造または取り扱う業務（一定の場所で行われるもの）	・有機溶剤の種類別に定められた項目。 （例：**トルエン**→尿中の馬尿酸の量）
鉛業務	・尿中の**デルタアミノレブリン酸**の量。
四アルキル鉛等業務	・尿中の**デルタアミノレブリン酸**の量。
石綿の粉じんを発散する場所において常時石綿を取り扱う作業	・直接撮影による**胸部エックス線検査**（**40**年間記録保存義務あり）。
塩酸、硝酸、弗化水素、硫酸、亜硫酸ガス等の有害物のガスなどを発散する場所における業務	・**歯科**医師による健康診断。

備考
（1）有害業務への配置替えの際に行う特殊健康診断は①**業務適性**の判断、②その後の業務の影響を調べるための基礎資料を得ることが目的。

（2）有害物質による健康障害の大部分は、初期においては**自覚症状**がないことが多く、他覚的所見によって異常が発見されることが多い（**問診**はあまり意味をなさない）。

（3）有機溶剤健康診断や鉛健康診断では、有害物の体内摂取量を把握するため、**血中**や**尿中**の代謝物の量の検査を行う（**生物学的モニタリング**）。

（4）金属や化学物質などは、体内に取り込まれた後、**排泄作用**などにより排泄される。半分に減るまでに要する時間を**生物学的半減期**という。

　○有機溶剤の半減期 → **短**い（＝尿などの採取時期は作業直後である必要あり）

　○鉛の半減期 → **長**い（＝尿などの採取時期は作業期間中の任意の時期でよい）

得点を上げる ゴロ 特殊健康診断
鹿「あ、リューマチの炎症復活」。
歯科医師による健康診断：亜硫酸ガス・硫酸・塩酸・硝酸・弗化水素

②じん肺健康診断　☑ ☑ ☑

　事業者は、新たに**常時粉じん作業**に従事することとなった労働者に対して、原則としてじん肺健康診断を行い、その結果を**7**年間保存しなければならない。

　なお、常時粉じん作業に従事する労働者は、いつでもじん肺健康診断を受けて、**都道府県労働局長**にじん肺管理区分を決定すべきことを申請することができる。

　じん肺管理区分は、**地方じん肺診査医**の診断か審査を受けて、都道府県労働局長が決定する。

　じん肺管理区分の決定の通知を受けた事業者は、当該労働者に対し遅滞なく、決定された**じん肺管理区分および留意すべき事項**を通知し、その事実を記載した書面を作成して**3**年間保存しなければならない。

CHECK! じん肺健康診断の結果によるじん肺管理区分

じん肺管理区分		じん肺健康診断の結果
管理1		じん肺の所見なし。
管理2		エックス線写真の像が第1型で、じん肺による著しい肺機能の障害がないと認められるもの。
管理3	イ	エックス線写真の像が第2型で、じん肺による著しい肺機能の障害がないと認められるもの。
管理3	ロ	エックス線写真の像が第3型または第4型（大陰影の大きさが一側の肺野の、3分の1以下のものに限る）で、じん肺による著しい肺機能の障害がないと認められるもの。
管理4		1　エックス線写真の像が第4型（大陰影の大きさが一側の肺野の3分の1を超えるものに限る）と認められるもの。 2　エックス線写真の像が第1型、第2型、第3型または第4型（大陰影の大きさが一側の肺野の3分の1以下のものに限る）で、じん肺による著しい肺機能の障害があると認められるもの。

得点を上げるゴロ　じん肺管理区分（療養措置）
Phoneを廃棄、兄さん泡、療養。
管理4：肺機能障害、管理2・3＋合併症→療養

124

③健康管理手帳の交付　☑ ☑ ☑

都道府県労働局長は、次の業務に一定期間従事した者の申請によって離職の際、または離職の後に健康管理手帳を交付しなければならない。

CHECK! 健康管理手帳の交付対象者

対象となる主な有害業務	健康管理手帳の交付要件
ベンジジン	**3**ヵ月以上従事。
ベータ-ナフチルアミン	
クロム酸、重クロム酸	**4**年以上従事。
塩化ビニル	
石綿	①両肺野に石綿による**不整形陰影**または胸膜肥厚のある者。 ②石綿等の製造作業、石綿等が使用されている保温材等の貼り付け作業、石綿等の吹付作業、石綿等の吹き付けられた建築物等の解体や破砕等の作業に1年以上従事し、かつ初めて石綿等の粉じんにばく露した日から10年以上経過している者。 ③石綿等を取り扱う作業（②の作業を除く）に10年以上従事した者。
ベリリウム	両肺野に慢性の**結節性陰影**のある者。
粉じん作業	じん肺の管理区分**2**または**3**である者。

※**水銀**、**シアン化水素**、**ベンゼン**、**鉛**は対象有害業務ではない。ベンゼンは発がん性物質だが、対象が白血病（血液のがん）のため、長期潜伏期間を要する健康管理手帳の対象とはならない。

7 手続き、その他　　頻出度 ★☆☆

①計画の届け出　☑ ☑ ☑

所轄労働基準監督署長への計画届の免除を受けていない事業者が次の装置を設置しようとするときは、法令に基づく所轄**労働基準監督署**への計画の届け出が義務づけられている。

得点を上げる **ゴロ**　健康管理手帳の交付
医師はハイヤー？　いいえ、今日は飛行機です。
　<u>石綿</u>：両肺野に石綿による不整形陰影・胸膜肥厚のある者

- **エックス線**装置。
- **アクロレイン**を含有する気体を排出する製造装置の排気筒に設ける、吸引式による**排ガス処理**装置。
- トルエンを使用して有機溶剤業務を行う屋内の作業所に設置する、**プッシュプル型換気**装置。
- 屋内の鋳物を製造する工程において砂型をこわす、**型ばらし**装置。

2 労働安全衛生法関係省令

1 労働安全衛生規則 　頻出度 ★★★

①関係者以外の立ち入り禁止場所 ☑☑☑

以下の場所については、関係者以外の者の立ち入りが禁止されている。

CHECK! 主な関係者以外の立ち入り禁止場所

- 著しく**寒冷**または**暑熱**な場所。
- **有害な光線**、超音波にさらされる場所。
- 有害物を取り扱う場所。
- 酸素濃度**18**%未満の場所、硫化水素濃度**100**万分の10を超える場所、炭酸ガス濃度が**1.5**%を超える場所。
- **病原体**による汚染のおそれの著しい場所。

②騒音を発する屋内作業場における衛生基準 ☑☑☑

「著しい**騒音**を発する場所」は立ち入り禁止場所ではないが、強烈な騒音を発する場所であることを**標識**によって明示する。また騒音の伝ぱを防ぐために**隔壁**を設けるなど、必要な措置を講じなければならない。

③休憩設備 ☑☑☑

著しく**暑熱**・**寒冷**・多湿の作業場、有害なガス・蒸気・粉じんを発散する作業場においては、坑内などの特殊な作業場でやむを得ない事由がある場合を除き、**休憩**の設備を**作業場外**に設けなければならない。

 立ち入り禁止場所
サイパンで、流水で手入れすれば天然のスイートな苺に。
酸素18%未満、硫化水素濃度100万分の10超、炭酸ガス濃度1.5%超

2 有機溶剤中毒予防規則　　頻出度 ★★★

①適用対象　☑ ☑ ☑

　この規則の適用対象は、**有機溶剤**または**有機溶剤含有物**（有機溶剤と有機溶剤以外のものとの混合物で、有機溶剤を当該混合物の重量**5**％を超えて含有するもの）である。有機溶剤は労働安全衛生法で**54**種が定められ、危険度別の区分によって表示色が決まっている。

CHECK! 有機溶剤の区分

種類	第1種有機溶剤等	第2種有機溶剤等	第3種有機溶剤等
表示色	<u>赤</u>	<u>黄</u>	<u>青</u>
物質例	<u>二硫化炭素</u>など	<u>アセトン</u>、トルエンなど	<u>石油ベンジン</u>など

　作業場所においては、上記の有機溶剤に対して生ずるおそれのある疾病の種類と症状、取り扱い上の注意点、中毒時の応急処置などを見やすい場所に掲示しなければならない。

②必要衛生設備　☑ ☑ ☑

　有機溶剤業務を行う際には、一定の衛生設備が必要とされている。

CHECK! 屋内作業場において有機溶剤業務に必要な労働衛生設備

	第1種		第2種		第3種		
					内		
有機溶剤作業がタンク内であるかタンク外であるかの区別	内	外	内	外	吹付作業	吹付作業以外	外
①密閉設備、局所排気装置、プッシュプル型換気装置のうちいずれか	◯	◯	◯	◯	◯	◯（①または②のいずれかで可）	ー
②全体換気装置	×	×	×	×	×		ー

得点を上げるゴロ　有機溶剤区分と表示色
人はストップ、豚は注意してサンダルはいて進め。
第<u>1</u>種：<u>赤</u>、第<u>2</u>種：<u>黄</u>、第<u>3</u>種：<u>青</u>

※「タンク内」とは、「通風が不十分な屋内作業場」のことであり、地下室の内部もこれに含まれる。

※表中の○は、原則としてその設備を要することを、×はその設備では不十分であること、－はその設備が不要であることを表す。

第1種、第2種
（屋内作業場）

第3種
（タンク内作業場）

③呼吸用保護具 ☑☑☑

有機溶剤業務を行う際には、呼吸用保護具（防毒マスクや送気マスク）の装着について、以下のように規定されている。

CHECK! 呼吸用保護具に関する規定

不要	必要
密閉設備、局所排気装置、プッシュブル型換気装置のいずれかを設置している場合。	・第1種～第3種すべてにおいて、全体換気装置を設置している場合は防毒マスクか送気マスクが必要。 ・有機溶剤が入っていたタンク内では、送気マスクが必要。

④その他の主な規定 ☑☑☑

先述のほか、**有機溶剤中毒予防規則**では以下のような規定がある。

CHECK! その他の規定

- 有機溶剤作業主任者の選任は、第1種～第3種すべて必要。
- 屋内作業場の局所排気装置の排気口は、屋根上から1.5m以上とする。
- 有機溶剤を入れてあった空容器で、有機溶剤の蒸気が発散するおそれのあるものは、その容器を密閉するか、屋外の一定の場所に集積しなければならない。

得点を上げる
ゴロ

呼吸用保護具の規定
扶養家族は極端にハチミツを推し、執拗に全体的に短気。
不要＝局所排気、密閉、プッシュブル型換気、必要＝全体換気、タンク

128

- 第1種有機溶剤等および第2種有機溶剤等を取り扱う屋内作業場では、6ヵ月以内ごとに1回、空気中の有機溶剤の濃度を定期的に測定しなければならない。
- 第1種有機溶剤等および第2種有機溶剤等を取り扱う屋内作業場では、雇い入れの際、配置替えの際および6ヵ月以内ごとに1回、定期に特殊健康診断を行わなければならない。
- 第3種有機溶剤等をタンク等の内部において取り扱う業務では、原則として雇い入れの際、配置替えの際および6ヵ月以内ごとに1回、定期に特殊健康診断を行わなければならない。

3 特定化学物質障害予防規則　　　　頻出度 ★★★

①特定化学物質の取り扱い　☑ ☑ ☑

　労働安全衛生法で定めている特定化学物質は、その危険度により第1類～第3類に区分されている。第1類物質を製造しようとするときは、あらかじめ厚生労働大臣の許可が必要である。

　また、特定化学物質を含有する排気・排液などについて、一定の方法による除じん、排ガス処理、排液処理、残さい物処理について定められている。たとえば除じんは、粉じんの粒径に応じた方法が、残さい物処理はアルキル水銀化合物を含有するものの処理が定められている。

CHECK! 特定化学物質の区分

特定化学物質	化学設備	物　質	特別管理物質
第1類物質 （製造許可物質）		ジクロルベンジジン、ベンゾトリクロリド、アルファーナフチルアミン、塩素化ビフェニル（PCB）など。	左記の物質のうち塩素化ビフェニルを除いた物質。

その他の主な規定
　異父は屋内で6ヵ月側転、サタンはやっとハイハイで6ヵ月健診。
1種・2種屋内作業場では6ヵ月ごと測定、3種タンク内作業では雇い入れ・配置替え・6ヵ月ごと健康診断

第2類物質	管理第2類物質		アルキル水銀化合物、カドミウムなど。	クロム酸、コバルトなど
	特別有機溶剤等		クロロホルム、ジクロロメタンなど。	すべて
	オーラミンなど		オーラミン、マゼンタ。	
	特定第2類物質	特定化学設備	エチレンオキシド、アクリルアミド、塩化ビニル、塩素、弗化水素、ベンゼン、ホルムアルデヒドなど。	塩化ビニル、ベンゼン、ホルムアルデヒドなど
第3類物質			アンモニア、一酸化炭素、硝酸、硫酸など。	

②事業を廃止するときの提出書類 ☑ ☑ ☑

　特定化学物質を製造する事業者が事業を廃止するときは、特別管理物質等関係記録等報告書に添えて、所轄労働基準監督署長に書類を提出する必要がある。

CHECK! 提出義務のあるもの、ないもの

提出義務あり	提出義務なし
特別管理物質を製造する作業場において、労働者が常時従事した以下の書類。 ①作業の概要 ②作業に従事した期間等の記録	局所排気装置の定期自主検査の記録。 除じん装置の定期自主検査の記録。
特別管理物質を製造する作業場において行った、以下の書類。 ・作業環境測定の記録	
特別管理物質を製造する業務に常時従事したり、従事したりした者の以下の書類。 ・労働者に対して行った特定化学物質健康診断の結果に基づく特定化学物質健康診断個人票	

得点を上げる　ホルムアルデヒド
ゴロ　　　**ホームランなのに2塁を踏んだらチェンジ。**
130　　　ホルムアルデヒドは第2類物質に変更された

4　酸素欠乏症等防止規則　　頻出度 ★★★

①酸素欠乏危険場所　☑ ☑ ☑

酸素欠乏とは、空気中の酸素濃度が**18**%未満である状態をいう。ただし、規則における酸素欠乏危険場所は、現実に酸素濃度18%未満であることを要するわけではなく、**酸素欠乏になるおそれのある場所**という意味である。

酸素欠乏危険場所で作業を行わせるときは、その日の**作業開始**前に空気中の**酸素濃度**（第2種酸素欠乏危険場所は空気中の酸素濃度と**硫化水素濃度**）の測定を行わなければならない。

CHECK! 酸素欠乏危険場所

第1種酸素欠乏危険場所	第2種酸素欠乏危険場所
酸素濃度が**18**%未満になるおそれのある酸素欠乏危険場所。 ・腐泥層に接する井戸の内部。 ・**ドライアイス**を使用した冷蔵などを行う冷蔵庫内。 ・しょう油など、発酵するものを入れた醸造槽内など。 ・サイロの内部。	酸素欠乏危険場所のうち、**硫化水素**の濃度が**10ppm**を超えるおそれのある場所（下記の2種類に限定）。 ・海水が滞留している**暗きょ、マンホール内部**など。 ・し尿、腐泥、汚水など腐敗しやすい物質を入れたタンク、槽、暗きょ、マンホールなどの内部。

CHECK! 酸素欠乏危険作業に関する特別教育の科目

①酸素欠乏の発生の**原因**。

②酸素欠乏症の**症状**。

③**空気呼吸器**などの使用方法。

④事故の場合の退避と**救急蘇生**の方法。

⑤その他必要な事項。

※酸素欠乏危険作業では防毒マスクは使用できないので、「**防毒マスク**使用の方法」は、特別教育の項目には入っていない。

得点を上げる
ゴロ　酸素欠乏危険作業
産気づいたビーバー、流水でトウモロコシをピピッと洗う。
酸素濃度18%未満、硫化水素濃度10ppm超

②換気 ☑☑☑

第1種酸素欠乏危険場所にあっては作業場所の空気中の酸素濃度が<u>18</u>%以上となるように、第2種酸素欠乏危険場所にあっては、さらに硫化水素の濃度を<u>10</u>ppm以下に保つようにする。ただし、酸素欠乏危険場所の換気を行うときは、<u>純酸素</u>を使用してはならない。

③酸素欠乏危険作業主任者 ☑☑☑

酸素欠乏危険作業について、事業者は酸素欠乏危険作業主任者を選任しなければならない。

第1種酸素欠乏危険作業	第2種酸素欠乏危険作業
<u>酸素欠乏危険作業主任者技能講習</u>か、酸素欠乏・硫化水素危険作業主任者技能講習を修了した者のうちから。	<u>酸素欠乏・硫化水素危険作業主任者技能講習</u>を修了した者のうちから。

5 石綿障害予防規則 頻出度 ★★☆

①主な規定 ☑☑☑

この規則の対象となる石綿等とは、石綿と石綿をその重量の<u>0.1</u>%を超えて含有するものをいう。

常時石綿等を取り扱う作業に従事した労働者については、<u>1</u>ヵ月を超えない期間ごとに、下記の項目を記録し、当該労働者が石綿等を取り扱う作業に従事しないこととなった日から<u>40</u>年間保存しなければならない。

得点を上げる **ゴロ** 石綿の定義
石綿って、思ったより重いわい。
重量の<u>0.1</u>%超

132

CHECK! 労働者に関する記録項目

> (1)労働者の氏名。
> (2)従事した**作業の概要**および当該作業に従事した期間。
> (3)周辺作業従事者については、ほかの労働者が従事した石綿等を取り扱い、または試験研究のために製造する作業の概要および周辺作業に従事した期間。
> (4)石綿等の粉じんにより著しく汚染される事態が生じたときにおける概要と、事業者が講じた**応急の措置**の概要。

②作業環境 ☑☑☑

石綿等を常時取り扱う作業場の床は、**水洗**などで容易に掃除できる構造のものとし、毎日1回以上、掃除をしなければならない。

また石綿等の解体などの作業を行うときは、石綿等による労働者の**健康障害**を防止するため、あらかじめ作業の方法と順序、石綿等の粉じんの発散を防止・抑制する方法、労働者への石綿等の粉じんばく露を防止する方法を定めた**作業計画**を作成し、**関係労働者**に**周知**させなければならない。

③除じん ☑☑☑

石綿等の粉じんを含有する気体を排出する局所排気装置などには、粉じんの粒径に応じ、次の方式で除じん装置を設けなければならない。

CHECK! 除じん装置の規定

粉じん粒径 (単位：マイクロメートル[μm])	除じん方式
5未満	・**ろ過除じん**方式。 ・電気除じん方式。
5以上20未満	上記の方式か**スクラバ**による除じん方式。
20以上	上記の方式か**マルチサイクロン**による除じん方式。

得点を上げる ゴロ　除じん装置の規定
午後の漏電にご不満、ラスク食べる妻はマルサ。
5未満：ろ過除じん・電気除じん、5以上20未満：スクラバ、20以上：マルチサイクロン

6 粉じん障害防止規則　[頻出度 ★★☆]

①粉じん作業と特定粉じん作業　☑☑☑

　粉じん作業のうち、粉じん発生源が一定の場所であるものを**特定粉じん作業**という。

CHECK! 粉じん作業・特定粉じん作業

粉じん作業	・屋内の**ガラス**を製造する工程において、原料を溶解炉に投げ入れる作業。 ・耐火物を用いた炉を解体する作業。 ・屋内において、手持式動力工具による**金属**を研磨する場所における作業。 ・タンク内部において**アーク溶接**する作業。 ・砂型を用いて鋳物を製造する工程における、**砂型を造形し、こわす**作業。
特定粉じん作業	・屋内において、**セメント**を袋詰めする箇所における作業。 ・屋内において、**動力**（手持式動力工具を除く）により**金属を研磨**する作業。

まるおぼえ 01　作業内容ごとのポイント　☑☑☑

作業内容	作業環境測定	作業主任者	特別の安全教育	特別の健康診断
酸素欠乏危険作業	○	講習	○	－
特定粉じん	○	－	○	○
石綿	○	講習	○	○
第1種有機溶剤等	○	講習	－	○

得点を上げるゴロ　粉じん作業
奥でガラス持って炉の解体、悪用した砂型こわす。
<u>屋内</u>：ガラス、手持式動力、炉の解体、アーク溶接、砂型こわす作業

第2種有機溶剤等	○	講習	−	○
第3種有機溶剤等	−	講習	−	○
第1類特定化学物質	○	講習	−	○
第2類特定化学物質	○	講習	−	○
第3類特定化学物質	−	講習	−	−
高圧室内	−	免許	○	○
エックス線	○	免許	○	○
ガンマ線	○	免許	○	○

7 その他規則　　　　　　　　頻出度 ★☆☆

①その他の規則 ☑☑☑

前述の各規則のほか、重要な規則およびその対象作業は以下の通り。

CHECK! 労働安全衛生関係規則と主な対象作業

頻出の関係規則	対応する規制作業
有機溶剤中毒予防規則	メタノール、トルエンを扱う作業。
特定化学物質障害予防規則	コールタール、弗化水素、エチレンオキシド、ホルムアルデヒドの作業。
酸素欠乏症等防止規則	酒の醸造槽内部やバナナの熟成室における作業。
粉じん障害防止規則	グラインダーによる鋳物の研磨作業。
鉛中毒予防規則	自然換気が不十分な場所でのはんだ付け作業。
高気圧作業安全衛生規則	大気圧を超える気圧下の作業室内部における作業。
電離放射線障害防止規則	荷電粒子を加速する装置を使用する作業。

その他の規則

 得点を上げる　ゴロ

勇気もってメダル取る、特化した樽、復活してホーム戻る。
有機溶剤中毒＝メタノール、トルエン、特定化学物質障害＝コールタール、弗化水素、ホルムアルデヒド

135

1 労働時間および休憩、休日・休暇 頻出度 ★★★

①時間外労働 ☑ ☑ ☑

時間外労働の協定（**36協定**）を締結したときであっても、下記の業務においては1日の**時間外労働**について**2**時間以内に制限される。

> **CHECK!** 時間外労働が制限される業務

- 著しく**暑熱**、または**寒冷**な場所における業務。
- 多量の**高熱物体**、または**低温物体**を取り扱う業務。
- 強烈な**騒音**を発する場所における業務（ボイラー製造など）。
- **重量物**の取り扱いなど、重激なる業務。
- 土石、獣毛などの**じんあい**や粉末を著しく飛散する場所における業務。
- **ラジウム**放射線、**エックス**線などの有害放射線にさらされる業務。
- 異常気圧下における業務。
- さく岩機などの使用により、身体に著しく**振動**を与える業務。
- **鉛**、**水銀**、クロム、ヒ素などの有害物質の粉じん、蒸気またはガスを発散する場所における業務。

※湿潤な場所における業務、著しい精神的緊張を伴う業務、病原体によって汚染のおそれがある業務は制限対象外となる。

2 妊産婦等保護の規定 頻出度 ★★★

①就業制限業務 ☑ ☑ ☑

使用者は、妊産婦等を右ページの区分に応じた業務に就かせてはならない。

制限のある時間外労働
うるさい悪漢と重量級の神童、校庭のラジオでエックス聴く。
騒音・暑熱・寒冷・重量物・振動・高熱・低温・ラジウム・エックス線

CHECK! 女性労働基準規則による妊産婦等の就業制限業務

	業務	妊娠中	産後1年未経過	一般女性
24業務	重量物を取り扱う業務	× (絶対制限)	× (絶対制限)	×
	有害物 (鉛、水銀、クロムなど) を発散する場所における業務			
	著しい振動業務 (さく岩機などを用いる業務)			
	高さおよび深さが5m以上の場所		○	○
	その他の業務 (著しい暑熱・寒冷など)		申し出により ×	

「重量物」とは年齢、作業区分に応じて下表の重量以上のものをいう。

年齢	断続作業(kg)	継続作業(kg)
満16歳未満	12	8
満16歳以上満18歳未満	25	15
満18歳以上	30	20

3 年少者保護の規定 頻出度 ★★☆

①年少者の就業制限 ☑ ☑ ☑

　年少者とは、男女を問わず、満18歳未満の者をいう。年少者についても、女性の就業制限業務(24業務)と同様に就労が制限されている。

CHECK! 年少者の場合の重量物制限

年齢	性別	断続作業(kg)	継続作業(kg)
満16歳未満	女	12	8
	男	15	10
満16歳以上 満18歳未満	女	25	15
	男	30	20

得点を上げるゴロ 女性労働の重量制限
意地張ってにっこり囲碁打つ左腕の妻。
16歳未満12kg/8kg、16歳以上18歳未満25kg/15kg、18歳以上30kg/20kg

1 労働安全衛生法／①安全衛生管理体制

Q001
☑☑☑

常時800人を使用する製造業の事業場で、衛生管理者を3人選任していることは法律で定められた人数よりも少なく、違反である。選任特例はないものとする。

Q002
☑☑☑

常時600人の労働者を使用し、そのうち多量の低温物体を取り扱う業務に常時35人の労働者を従事させる事業場では、選任する衛生管理者のうち少なくとも1人を衛生工学衛生管理者免許を受けた者のうちから選任しなければならない。

Q003
☑☑☑

常時600人の労働者を使用し、そのうち多量の低温物体を取り扱う業務に常時35人の労働者を従事させる事業場では、選任する衛生管理者のうち少なくとも1人を専任の衛生管理者として選任しなければならない。

Q004
☑☑☑

常時60人の労働者を使用する医療業の事業場では、第1種衛生管理者免許もしくは衛生工学衛生管理者免許を有する者、医師、歯科医師または労働衛生コンサルタントのうちから衛生管理者を選任することができる。

Q005
☑☑☑

常時60人の労働者を使用する清掃業の事業場では、第1種・第2種衛生管理者免許または衛生工学衛生管理者免許のいずれかの免許を有する者のうちから、衛生管理者を選任することができる。

Q006
☑☑☑

常時800人の労働者を使用する製造業では、衛生管理者のうち1人を、事業場に専属でない労働衛生コンサルタントから選任していることは法令に違反している。

衛生管理者の専任要件は①常時使用労働者数1,000人超、②常時使用労働者数500人超＋一定の有害業務に常時30人以上従事させる場合。

A001
常時800人を使用している事業場では、**衛生管理者を3人以上**選任しなければならない。よって設問の場合、法律で定められた人数を満たしている。

 A002
常時使用労働者数**500人超**で、著しく暑熱な場所における業務など、**一定の有害業務**に常時**30人**以上従事させる場合は、衛生管理者のうち少なくとも1人は**衛生工学衛生管理者免許**の所有者のうちから選任しなければならない。当該一定の有害業務に、「**多量の低温物体を取り扱う業務**」は含まれない。

 A003
常時使用労働者数**500人超**で、著しく暑熱な場所における業務など、**一定の有害業務**に常時30人以上従事させる場合は、衛生管理者のうち少なくとも1人は**専任**とする必要がある。当該一定の有害業務に、「**多量の低温物体を取り扱う業務**」は含まれる。設問002との混同に注意すること。

 A004
医療業、**清掃業**、**運送業**、**建設業**、**製造業**などの事業場では、第1種衛生管理者免許を有する者のほか、衛生工学衛生管理者免許を有する者、医師、歯科医師または労働衛生コンサルタントのうちから衛生管理者を選任することができる。

 A005
清掃業の事業場では、第**2**種衛生管理者免許所有者からは衛生管理者を選任できない。金融業・サービス業などでは第**2**種衛生管理者免許で足りるが、一定の業種（**製造業・医療業・清掃業**など）では第**1**種衛生管理者免許が必要。

 A006
労働衛生コンサルタントから衛生管理者を選任する場合は、1人は**専属**の者でなくてもよい。

 試験合格への道！
多量の高熱物体を取り扱う事業場などは、衛生管理者の少なくとも1人は、衛生工学衛生管理者免許を有する者から選任します。　139

Q007 常時400人の労働者を使用し、塩酸などの有害物を取り扱う業務に常時100人の労働者が従事している事業場では、専属の産業医を選任しなければならない。

Q008 常時800人の労働者を使用する鉄鋼業では、有機溶剤作業主任者を選任しなければならない(第3種有機溶剤等を用いる洗浄業務に常時従事する者60人を含む)。

Q009 常時800人の労働者を使用する製造業では、特定化学物質作業主任者を選任しなければならない(特定化学物質のうち第3類特定化学物質を製造する業務に常時従事する者60人を含む)。

Q010 製造工程において硝酸を用いて行う洗浄の作業については、法令上、作業主任者を選任しなければならない。

Q011 屋内作業場における金属アーク溶接の作業については、法令上、作業主任者を選任しなければならない。

Q012 レーザー光線による金属加工の作業については、法令上、作業主任者を選任しなければならない。

Q013 試験研究業務として塩素を取り扱う作業については、法令上、作業主任者を選任しなければならない。

産業医は医師で、労働衛生コンサルタントの試験に合格するか、日本医師会認定の研修を修了するなどの要件を満たす必要があります。

A007 × 産業医が専属でなければならない事業場は、①常時**1,000人**以上の労働者を使用する事業場、②一定の有害業務（深夜業を含む）に常時**500人**以上の労働者を従事させる事業場のいずれかである。

A008 ○ 有機溶剤等を取り扱う作業では、**有機溶剤作業主任者**を選任しなければならない。第**3**種有機溶剤等であっても選任が必要である。※**試験研究**の目的で特定化学物質や有機溶剤等を取り扱う作業に、作業主任者の選任は不要である。

A009 ○ 特定化学物質を取り扱う作業では、**特定化学物質作業主任者**を選任しなければならない。第**3**類特定化学物質を取り扱う場合でも選任が必要である。

A010 ○ **特定化学物質**の製造や取り扱い作業では、作業主任者を選任しなければならない。硝酸など第**3**類特定化学物質であっても、作業主任者を選任しなければならないことに注意する。

A011 ○ 金属アーク溶接作業は、**特定化学物質**を製造し、または取り扱う作業に該当するため、**作業主任者**の選任が必要となる。

A012 × レーザー光線による**金属加工**の作業については、作業主任者の選任は不要。

A013 × 塩素は特定化学物質であるが、**試験研究**の目的で特定化学物質や有機溶剤等を取り扱う作業については、作業主任者の選任は不要である。

Q014 ☑☑☑ 潜水器を用いてボンベからの給気を受けて行う潜水作業については、法令上、作業主任者の選任が義務づけられている。

Q015 ☑☑☑ 強烈な騒音を発生する場所における作業については、法令上、作業主任者を選任しなければならない。

Q016 ☑☑☑ 超音波により金属製品を洗浄する作業については、法令上、作業主任者を選任しなければならない。

Q017 ☑☑☑ 溶融した鉛を用いて行う金属の焼入れの業務にかかる作業については、法令上、作業主任者を選任しなければならない。

Q018 ☑☑☑ 石炭を入れてあるホッパーの内部における作業については、法令上、作業主任者を選任しなければならない。

Q019 ☑☑☑ 圧気工法により、大気圧を超える気圧下の作業室において行う作業については、法令上、作業主任者を選任しなければならない。

Q020 ☑☑☑ セメント製造工程においてセメントを袋詰めする作業については、法令上、作業主任者を選任しなければならない。

Q021 ☑☑☑ 製造工程において硫酸を用いて行う洗浄の作業については、法令上、作業主任者を選任しなければならない。

試験合格への道! 117~118ページの表を参考に、作業主任者の選任が必要なものとその技能講習、不要なものをそれぞれ覚えておきましょう。

潜水作業については、作業主任者の選任は**不要**である。なお、**潜水士**の資格は、原則として**潜水士**試験に合格することによって取得できる資格であることも押さえておこう。

強烈な騒音を発生する場所における作業については、作業主任者の選任は**不要**である。

超音波により金属製品を洗浄する作業については、作業主任者の選任は不要。

多くの鉛作業は作業主任者の選任が必要だが、**溶融した鉛**を用いて行う金属の焼入れの業務、**自然換気**が不十分な場所におけるはんだづけの業務などは選任が不要である。

石炭を入れてあるホッパーの内部における作業については、**酸素欠乏作業主任者**を選任しなければならない。

圧気工法により、大気圧を超える気圧下の作業室において行う作業については、**高圧室内作業主任者**を選任しなければならない。

「セメント製造工程においてセメントを袋詰めする作業」などの**特定粉じん**作業については、作業主任者の選任は不要である。

製造工程において硫酸を用いて行う洗浄の作業は、**特定化学物質**を取り扱う作業に該当するため、作業主任者を選任しなければならない。

第3類特定化学物質および第3種有機溶剤等の製造や取り扱いであっても、作業主任者の選任は必要です。

Q022 ☑☑☑ 高圧室内作業主任者の資格は、労働安全衛生法に基づく技能講習を修了することによって取得できる資格である。

Q023 ☑☑☑ エックス線作業主任者の資格は、労働安全衛生法に基づく技能講習を修了することによって取得できる資格である。

Q024 ☑☑☑ 石綿作業主任者の資格は、労働安全衛生法に基づく技能講習を修了することによって取得できる資格である。

Q025 ☑☑☑ ガンマ線透過写真撮影作業主任者の資格は、労働安全衛生法に基づく技能講習を修了することによって取得できる資格である。

Q026 ☑☑☑ 作業環境測定を委託している作業環境測定機関の作業環境測定士を、衛生委員会の委員として指名することができる。

②機械等に関する規制

Q027 ☑☑☑ 必須 潜水器は、厚生労働大臣が定める規格を具備していなければ、「譲渡・貸与・設置してはならない機械等」には該当しない。

Q028 ☑☑☑ 必須 工業用ガンマ線照射装置は、厚生労働大臣が定める規格を具備しなければ、「譲渡・貸与・設置してはならない機械等」には該当しない。

Q029 ☑☑☑ 必須 酸性ガス用防毒マスクは、厚生労働大臣が定める規格を具備しなければ、「譲渡・貸与・設置してはならない機械等」に該当する。

試験合格への道！ 作業主任者の選任は、労働基準監督署長への報告書の提出は不要です。

A022 ✕ 高圧室内作業主任者の資格は**技能講習**を修了することによって取得できる資格ではなく、原則として**高圧室内作業主任者免許試験に合格**することによって取得できる資格である。

 A023 ✕ エックス線作業主任者の資格は**技能講習**を修了することによって取得できる資格ではなく、**エックス線作業主任者免許試験に合格**することによって取得できる資格である。

 A024 ○ 石綿作業主任者の資格は、**技能講習を修了**することによって取得できる資格である。

 A025 ✕ ガンマ線透過写真撮影作業主任者の資格は技能講習を修了することで取得できる資格ではなく、**ガンマ線透過写真撮影作業主任者免許試験に合格**することで取得できる資格である。

 A026 ✕ 作業環境測定士は、その事業場の**労働者**であれば衛生委員会の委員として指名することができるが、**委託**している作業環境測定機関の作業環境測定士を指名することはできない。

 A027 ✕ **潜水器**は、厚生労働大臣が定める規格を具備しなければ、「**譲渡・貸与・設置してはならない機械等**」に該当する。

 A028 ✕ **工業用ガンマ線照射装置**や**特定エックス線装置**は、厚生労働大臣が定める規格を具備しなければ、「譲渡・貸与・設置してはならない機械等」に該当する。

 A029 ✕ **防毒マスク**（ハロゲンガス用、亜硫酸ガス用、アンモニア用、有機ガス用、一酸化炭素用）は、**厚生労働大臣**が定める規格を具備しなければ、「譲渡・貸与・設置してはならない機械等」に該当する。しかし、**酸性ガス用防毒マスク**は該当しない。

 試験合格への道！ 高圧室内作業主任者、ガンマ線透過写真撮影作業主任者、エックス線作業主任者は、免許試験に合格することで取得できる資格です。

Q030 必須

ろ過材・面体を有する防じんマスクは、厚生労働大臣が定める規格を具備しなければ、「譲渡・貸与・設置してはならない機械等」に該当しない。

Q031

化学防護服は、厚生労働大臣が定める規格を具備しなければ、「譲渡・貸与・設置してはならない機械等」には該当しない。

Q032

検知管方式による一酸化炭素検定器は、厚生労働大臣が定める規格を具備しなければ、「譲渡・貸与・設置してはならない機械等」には該当しない。

Q033

防じん機能を有する電動ファン付き呼吸用保護具は、厚生労働大臣が定める規格を具備しなければ、「譲渡・貸与・設置してはならない機械等」に該当しない。

Q034 必須

排気量40cm³以上の内燃機関を内蔵するチェーンソーは、厚生労働大臣が定める規格を具備しなければ、「譲渡・貸与・設置してはならない機械等」には該当しない。

Q035

再圧室は、厚生労働大臣が定める規格を具備しなければ、「譲渡・貸与・設置してはならない機械等」には該当しない。

Q036

硫酸を取り扱う特定化学設備については、法令に基づく定期自主検査の頻度が1年以内ごとに1回とされている。

Q037

一酸化炭素を含有する気体を排出する製造設備の排気筒に設けた排ガス処理装置は法令上、定期自主検査の実施は義務づけられていない。

A030
× **防じんマスク**（ろ過材および面体を有するものに限る）は、厚生労働大臣が定める規格を具備しなければ、「譲渡・貸与・設置してはならない機械等」に該当する。

A031
○ **化学防護服**は、厚生労働大臣が定める規格を具備しなければ、「譲渡・貸与・設置してはならない機械等」には該当しない。

A032
○ **検知管方式による一酸化炭素検定器**は、厚生労働大臣が定める規格を具備しなければ、「譲渡・貸与・設置してはならない機械等」には該当しない。

A033
× 防じん機能を有する**電動ファン付き呼吸用保護具**は、厚生労働大臣が定める規格を具備しなければ、「譲渡・貸与・設置してはならない機械等」に該当する。

A034
× 排気量**40**cm³以上の内燃機関を内蔵する**チェーンソー**は、厚生労働大臣が定める規格を具備しなければ、「譲渡・貸与・設置してはならない機械等」に該当する。

A035
× **再圧室**は、厚生労働大臣が定める規格を具備していなければ、「譲渡・貸与・設置してはならない機械等」に該当する。

A036
× 特定化学設備の定期自主検査の実施頻度は、**2年以内ごとに1回**であるので誤り。試験では、硫酸の箇所がほかの化学物質で問われることがあるが**特定化学設備**で判断すること。

A037
○ 定期自主検査が義務づけられているのは、**アクロレイン**、**弗化水素**、**硫化水素**、**硫酸ジメチル**を扱う排ガス処理装置である。

試験合格への道！ 送気マスク、聴覚保護具、防振手袋、化学防護服等については、譲渡などの制限はありません。

Q038
☑☑☑
木材加工用丸のこ盤を使用する作業場所に設けた
局所排気装置、アーク溶接を行う屋内作業場に設
けた全体換気装置は法令に基づく定期自主検査を
行わなければならない。

Q039
☑☑☑
トルエンを用いて洗浄を行う屋内作業場所に設置
したプッシュプル型換気装置、鉛化合物を製造す
る屋内作業場所に設置した局所排気装置、セメン
トを袋詰めにする屋内の作業個所に設置した局所
排気装置に設けた除じん装置は、定期自主検査の
実施頻度が1年以内ごとに1回とされている。

Q040
☑☑☑
透過写真撮影用ガンマ線照射装置は法令上、定期
自主検査の実施が義務づけられていない。

③有害物質に関する規制

Q041
☑☑☑
オルトーフタロジニトリルを製造しようとすると
きは、あらかじめ厚生労働大臣の許可を受けなけ
ればならない。

Q042
☑☑☑
エチレンオキシドを製造しようとするときは、あ
らかじめ厚生労働大臣の許可を受けなければなら
ない。

Q043
☑☑☑
ジクロルベンジジンおよびその塩を製造しようと
するときは、あらかじめ厚生労働大臣の許可を受
けなければならない。

Q044
☑☑☑
ベンジジンおよびその塩は労働安全衛生法によ
り、製造し、輸入し、譲渡し、提供し、または使
用することが、原則として禁止されている。

ガンマ線照射設備、局所排気装置・プッシュプル型換気装置、除じん
装置、排ガス処理装置などは、定期自主検査の実施義務があります。

PART ③ 関係法令（有害）

② 機械等に関する規制／③ 有害物質に関する規制

A038
プッシュプル型換気装置、局所排気装置については定期自主検査を**1年ごとに1回**実施する義務があるが、設問の木材加工用丸のこ盤を使用する作業は特定粉じん発生源作業に該当しないため定期自主検査の実施義務はない。全体換気装置も定期自主検査の実施義務はない。

A039
トルエン（第2種有機溶剤等）、セメントを袋詰めにする屋内作業（特定粉じん発生源作業）、鉛作業において、**プッシュプル型**換気装置や**局所排気**装置を設置した場合、定期自主検査を行わなければならず、その頻度は1年ごとに1回とされている。

A040
透過写真撮影用ガンマ線照射装置は法令上、**1ヵ月以内ごとに1回**、**定期自主検査**の実施が義務づけられている。

A041
オルトーフタロジニトリルは、**製造許可物質**（第1類特定化学物質）ではない。

A042
エチレンオキシドは、**製造許可物質**（第1類特定化学物質）ではない。

A043
ベンゾトリクロリド、ジアニシジンおよびその塩、ベリリウムおよびその化合物、アルファーナフチルアミンおよびその塩も**製造許可物質**として出題されている。

A044
ベンジジンおよびその塩は、**製造等禁止物質**である。

定期自主検査の結果については、労働基準監督署長に報告する義務はありません。 149

④安全衛生教育

Q045 ☑☑☑
強烈な騒音を発する場所における業務に労働者を就かせるときは、法令に基づく安全・衛生のための特別の教育を行わなければならない。

Q046 ☑☑☑
有機溶剤等を入れたことがあるタンクの内部における業務は、法令に基づく安全・衛生のための特別の教育を行わなければならない。

Q047 ☑☑☑
廃棄物の焼却施設において、ばいじんや焼却灰などの燃え殻を取り扱う業務に労働者を就かせるときは、法令に基づく安全・衛生のための特別の教育を行わなければならない。

Q048 ☑☑☑
チェーンソーを用いて行う造材の業務に労働者を就かせるときは、法令に基づく安全・衛生のための特別の教育を行わなければならない。

Q049 ☑☑☑
石綿等が使用されている建築物の解体の作業に係る業務に労働者を常時従事させるときは、法令に基づく安全・衛生のための特別の教育を行わなければならない。

Q050 ☑☑☑
人力により重量物を取り扱う業務に労働者を就かせるときは、法令に基づく安全または衛生のための特別教育を行わなければならない。

Q051 ☑☑☑
潜水作業者への送気の調節を行うためのバルブまたはコックを操作する業務に労働者を就かせるとき、法令に基づく安全または衛生のための特別の教育を行わなければならない。

試験合格への道! 特定粉じん作業に係る業務、酸素欠乏危険作業、石綿等が使用された建築物の解体等作業などは、特別教育が必要な作業です。

A045
✕

強烈な**騒音**を発する場所における業務では、**特別教育**は義務づけられていない。

A046
✕

有機溶剤業務や**特定化学物質**等の製造などの業務では、特別教育は**義務づけられていない。**

A047
〇

廃棄物の焼却施設において、**ばいじん**や**焼却灰**などの燃え殻を取り扱う業務では、特別教育が義務づけられている。

A048
〇

チェーンソーを用いる業務は**特別教育**の対象である。

A049
〇

石綿等が使用された建築物の解体等作業(石綿等が使用されている建築物の解体の作業、石綿等の**封じ込め・囲い込み**作業)では、特別教育が義務づけられている。

A050
✕

人力により重量物を取り扱う業務では、**特別教育**は義務づけられていない。

A051
〇

水深**10m以上**の場所の潜水業務は特別教育が不要な業務であるが、設問の潜水作業者への送気の調節を行うためのバルブまたはコックを操作する業務では、特別教育が義務づけられている。

試験合格への道! 有機溶剤業務や特定化学物質の製造等業務は、特別教育が不要です。

Q052
☑☑☑
エックス線照射装置を用いて行う透過写真撮影の業務に労働者を常時従事させるときは、法令に基づく安全・衛生のための特別の教育を行わなければならない。

Q053
☑☑☑
酸素欠乏危険場所における作業に係る業務に就かせるときは、法令に基づく安全・衛生のための特別の教育を行わなければならない。

Q054
☑☑☑
赤外線または紫外線にさらされる業務に労働者を常時従事させるときは、法令に基づく安全・衛生のための特別の教育を行わなければならない。

⑤作業環境測定

Q055
☑☑☑
非密封の放射性物質を取り扱う作業室における空気中の放射性物質の濃度の測定は、1ヵ月以内ごとに1回、定期に行わなければならない。

Q056
☑☑☑
多量のドライアイスを取り扱う寒冷の屋内作業場における気温および湿度の測定は、半月以内ごとに1回、定期に行わなければならない。

Q057
☑☑☑
通気設備が設けられている坑内の作業場における通気量の測定は、半月以内ごとに1回行わなければならない。

Q058
☑☑☑
常時セメントを袋詰めする作業を行う屋内作業場における空気中の粉じん濃度の測定は、6ヵ月以内ごとに1回、定期に行わなければならない。

  特別教育を行った場合は、その記録を3年間保存しなければなりません。この保存期間をしっかり覚えておきましょう。

A052
○

エックス線や**ガンマ線**の照射装置を用いた透過写真撮影業務は、特別教育が義務づけられている。なお、**エックス線回折装置**を用いて行う**分析業務**は特別教育の必要はないことも押さえておこう。

A053
○

酸素欠乏危険作業（しょう油やもろみなど、発酵するものの醸造槽の内部における作業等）に係る業務に就かせるときは、法令に基づく安全・衛生のための**特別の教育**を行わなければならない。

A054
✕

赤外線または**紫外線**にさらされる業務は、特別教育は義務づけられていない。

A055
○

適切な作業環境管理のためには、作業環境中に**有害因子**がどの程度存在し、そこで働く労働者がそれらにどの程度さらされているかを把握する必要がある。そのために実施するのが**作業環境測定**である。

A056
○

暑熱（溶融ガラスや金属等）、寒冷、**多湿**の屋内作業場では、気温と湿度の測定を**半月以内**ごとに1回、定期に行わなければならない。

A057
○

坑内の作業場では、**炭酸ガス濃度**は1ヵ月以内ごとに1回、**気温**（28℃を超える作業の場合）・**通気量**は**半**月以内ごとに1回の測定を定期に行わなければならない。

A058
○

特定粉じん作業（型ばらし装置を用いた砂型の破壊、セメントの袋詰めなど）の屋内作業場では、**空気中**の粉じん濃度の測定を**6**ヵ月以内ごとに1回、定期に行わなければならない。

試験合格への道！ 特別教育の内容に、「労働者に対する指導」「監督の方法に関すること」は含まれません。

153

Q059
☑☑☑
鉛蓄電池の解体工程において、鉛等を切断する業務を行う屋内作業場における空気中の鉛の濃度の測定は、1年以内ごとに1回、定期に行わなければならない。

Q060
☑☑☑
特定化学物質のうち、第1類物質を取り扱う屋内作業場における空気中の第1類物質の濃度の測定は、6ヵ月以内ごとに1回行わなければならない。

Q061
☑☑☑
チッパーによりチップする業務を行い、著しい騒音を発する屋内作業場における等価騒音レベルの測定(作業環境測定)は、作業環境測定士に測定を実施させなければならない。

Q062
☑☑☑
屋内作業場において第2種有機溶剤等を使用して常時洗浄作業を行う場合、有機溶剤作業主任者に、有機溶剤業務を行う屋内作業場について、作業環境測定を実施させなければならない。

Q063
☑☑☑
金属の表面処理のために硝酸(しょうさん)を取り扱う屋内作業場は、法令に基づく作業環境測定の対象である。

Q064
☑☑☑
陶磁器を製造する工程において、乾式で原料を混合する作業を常時行う屋内作業場は、法令に基づく作業環境測定の対象である。

Q065
☑☑☑
溶融ガラスからガラス製品を成型する業務を行う屋内作業場は、法令に基づく作業環境測定の対象である。

試験合格への道! 作業環境測定については、121~122ページの表を参考に、測定が必要な作業場と測定頻度を覚えておきましょう。

一定の鉛業務を行う屋内作業場では、鉛の**空気中**の濃度の測定を**1**年以内ごとに1回、定期に行わなければならない。

作業環境測定(**6**ヵ月以内ごとに1回)が義務づけられているのは、第**1**類および第**2**類物質を取り扱う場合である。第3類物質の場合は、作業環境測定の義務はない。

設問の場合は、作業環境測定士に作業環境測定を実施させなくてもよいので誤り。なお、設問の場合の作業環境測定は**等価騒音レベル**の測定を**6ヵ月に1回**、定期に行わなければならない。

第1種または第2種有機溶剤等を扱う業務を行う屋内作業場(「指定作業場」という。)に係る作業環境測定は、原則として**作業環境測定士**(できない場合は、委託した作業環境測定機関)が**6**ヵ月以内ごとに1回行わなければならない。

硝酸は第**3**類特定化学物質であるため、これを扱う作業場は作業環境測定の対象とされていない。

陶磁器を製造する工程において乾式で原料を混合する作業を常時行う屋内作業場は、「**特定粉じん**屋内作業場」であるため作業環境測定(**6**ヵ月以内ごとに1回)の対象とされている。

溶融ガラスからガラス製品を成型する業務を行う屋内作業場は、「**暑熱の作業場**」であるため、作業環境測定(**半月**以内ごとに1回)の対象とされている。

Q066
✓✓✓

鋲打ち機、はつり機などの圧縮空気により駆動される機械・器具を取り扱う業務を行う屋内作業場は、法令に基づく作業環境測定の対象である。

⑥健康診断、健康管理手帳

Q067
✓✓✓
（必須）

潜水業務に常時従事する労働者に対する、医師による特別の項目についての健康診断の実施義務は、法令上に規定されている。

Q068
✓✓✓

鉛ライニングの業務に常時従事する労働者に対する、医師による特別の項目についての健康診断の実施義務は、法令上に規定されている。

Q069
✓✓✓
（必須）

管理区域内における放射線業務に常時従事する労働者に対する、医師による特別の項目についての健康診断の実施義務は、法令上に規定されている。

Q070
✓✓✓

特定化学物質のうち、第3類物質を製造・取り扱う業務に常時従事する労働者に対する、医師による特別の項目についての健康診断の実施義務は、法令上に規定されている。

Q071
✓✓✓
（必須）

屋内作業場において第2種有機溶剤等を用いて行う試験研究の業務に常時従事する労働者に対する、医師による特別の項目についての健康診断の実施義務は、法令上に規定されている。

PART **3** 関係法令（有害）

A066 ○
鋲打ち機、はつり機などの**圧縮空気**により駆動される機械や器具を取り扱う業務を行う屋内作業場は、「**著しい騒音**を発する屋内作業場」であるため、作業環境測定（**6**ヵ月以内ごとに1回）の対象とされている。

⑤作業環境測定／⑥健康診断、健康管理手帳

A067 ○
事業者は、有害業務に常時従事する労働者に対して、**雇い入れの際**と**配置替えの際**、その後定期に特別の項目についての健康診断（**特殊健康診断**）を行わなければならない。**潜水**業務や**高圧室内**業務に常時従事する労働者に対しては、**6**ヵ月以内ごとに1回実施しなければならない。検査項目の「**四肢の運動機能**の検査、**鼓膜**および**聴力**の検査、**肺活量**の測定等」も押さえておこう。

A068 ○
鉛ライニング業務に常時従事する労働者に対する特殊健康診断は、原則として**6**ヵ月以内ごとに1回実施しなければならない。

A069 ○
放射線業務に常時従事する労働者に対する特殊健康診断は、**6**ヵ月以内ごとに1回実施しなければならない。また、健康診断個人票は**30**年間保存しなければならない。

A070 ×
特定化学物質の第**3**類については、特殊健康診断を実施する必要はない。第**1**類物質と第**2**類物質については、原則として特殊健康診断を**6**ヵ月以内ごとに1回実施する必要がある。

A071 ○
有機溶剤等第**1**種、第**2**種（第3種はタンク等内部に限る）を用いて行う業務に常時従事する労働者に対する特殊健康診断は、原則として**6**ヵ月以内ごとに1回実施しなければならない。試験研究の業務であっても健康診断を実施しなければならない。

 特定化学物質の第3類と有機溶剤等の第3種（タンクなどの内部を除く）は、特殊健康診断は義務づけられていません。

Q072
☑☑☑
シアン化カリウムのガスや蒸気、粉じんを発散する場所における業務に常時従事する労働者については、法令に基づき、定期に歯科医師による特殊健康診断を行わなければならない。

Q073
☑☑☑
ベンゼンのガスや蒸気、粉じんを発散する場所における業務に常時従事する労働者については、法令に基づき、定期に歯科医師による健康診断を行わなければならない。

Q074
☑☑☑
アクリルアミドのガスや蒸気、粉じんを発散する場所における業務に常時従事する労働者については、法令に基づき、定期に歯科医師による健康診断を行わなければならない。

Q075
☑☑☑
硫酸のガスや蒸気、粉じんを発散する場所における業務に常時従事する労働者については、法令に基づき、定期に歯科医師による健康診断を行わなければならない。

Q076
☑☑☑
クロロホルムのガスや蒸気、粉じんを発散する場所における業務に常時従事する労働者については、法令に基づき、定期に歯科医師による健康診断を行わなければならない。

Q077
☑☑☑
黄りんを取り扱う業務に常時従事する労働者に対し、法令に基づき、定期に歯科医師による健康診断を行わなければならない。

Q078
☑☑☑
尿中の馬尿酸の量の検査は、鉛業務に従事する労働者に対して、特別の項目について行う健康診断の項目の一部である。

試験合格への道! 有害業務への配置替えの際の特殊健康診断は、業務適性の判断とその後の業務の影響を調べるための基礎資料を得る目的があります。

A072

シアン化カリウムのガスや蒸気、粉じんを発散する場所における業務に常時従事する労働者については、歯科医師による**特殊健康診断**を実施する必要はない。

A073

ベンゼンのガスや蒸気、粉じんを発散する場所における業務に常時従事する労働者については、歯科医師による**特殊健康診断**を実施する必要はない。

A074

アクリルアミドのガスや蒸気、粉じんを発散する場所における業務に常時従事する労働者については、歯科医師による**特殊健康診断**を実施する必要はない。

A075

塩酸、硝酸、弗化水素、硫酸、亜硫酸ガスなどの歯を腐食させる物質を取り扱う業務に常時従事する労働者に対しては、**6**ヵ月以内ごとに1回、**歯科医師**による特殊健康診断を実施しなければならない。

A076

クロロホルムのガスや蒸気、粉じんを発散する場所における業務に常時従事する労働者については、歯科医師による**特殊健康診断**を実施する必要はない。

A077

黄りんを取り扱う業務に常時従事する労働者に対し、**6**ヵ月以内ごとに1回、**定期**に、**歯科医師**による健康診断を行わなければならない。

A078

鉛業務に従事する労働者の特殊健康診断では、尿中の**デルタアミノレブリン酸**の量の検査を行う。尿中の**馬尿酸**の量の検査はトルエンを扱う業務に係る特殊健康診断の項目の一部。

試験合格への道！ 黄りんを取り扱う業務に従事する労働者は、歯科医師による健康診断を行わなければなりません。

Q079
☑☑☑
血液中の尿酸の量の検査は、高圧室内業務に従事する労働者に対して、特別の項目について行う健康診断の項目の一部である。

Q080
☑☑☑
皮膚の検査は、放射線業務に従事する労働者に対して、特別の項目について行う健康診断の項目の一部である。

Q081
☑☑☑
尿中のデルタアミノレブリン酸の量の検査は、有機溶剤業務に従事する労働者に対して、特別の項目について行う健康診断の項目の一部である。

Q082
☑☑☑
尿中や血液中の石綿の量の測定は、石綿等を取り扱う業務に従事する労働者に対して、特別の項目について行う健康診断の項目の一部である。

Q083
☑☑☑
鼓膜および聴力の検査は、潜水業務に従事する労働者に対して、特別の項目について行う健康診断の項目の一部である。

Q084
☑☑☑
水銀を取り扱う業務に3年以上従事した者は、離職時・離職後に、法令に基づく健康管理手帳の交付対象となる。

Q085
☑☑☑
硝酸を取り扱う業務に5年以上従事した者は、離職時・離職後に、法令に基づく健康管理手帳の交付対象となる。

Q086
☑☑☑
必須
シアン化水素を取り扱う業務に7年以上従事した者は、離職時・離職後に、法令に基づく健康管理手帳の交付対象となる。

試験合格への道! 水銀、シアン化水素、ベンゼン、鉛を扱う業務は、健康管理手帳の交付対象となる有害業務ではありません。

A079 高圧室内業務に従事する労働者に行う特殊健康診断では、尿酸の量ではなく、**四肢**の運動検査、**鼓膜**および聴力の検査、**肺活量**の測定、尿中の**糖**および**たんぱく**の検査を行う。

 A080 電離放射線健康診断では、**被ばく歴**の有無、**白血球**数および赤血球数、**血色素量**またはヘマトクリット値、**白内障**、**皮膚**の検査が行われる。

 A081 有機溶剤業務に従事する労働者に行う特殊健康診断では、尿中の**デルタアミノレブリン酸**の量の検査は行わない。設問は鉛業務についての内容である。

 A082 石綿等を取り扱う業務に従事する労働者に行う特殊健康診断では、尿中や血液中の**石綿**の量ではなく、直接撮影による**胸部エックス線**検査を行う。

 A083 **四肢**の運動検査、鼓膜および**聴力**の検査、**肺活量**の測定、尿中の糖と**たんぱく**の検査は、潜水業務などの高圧室内業務に従事する労働者に行う特殊健康診断の項目の一部である。

 A084 **都道府県労働局長**は、所定の有害業務に一定期間従事した者の申請により、離職の際または離職の後に**健康管理手帳**を交付しなければならない。設問の**水銀**を取り扱う業務は、健康管理手帳の交付対象ではない。

 A085 **硝酸**を取り扱う業務は、健康管理手帳の交付対象ではない。

 A086 **シアン化水素**を取り扱う業務は、健康管理手帳の交付対象ではない。

 試験合格への道！ ベンゼンは発がん性物質ですが、対象が白血病（血液のがん）のため、長期潜伏期間を要する健康管理手帳の対象とはなりません。

161

Q087 メタノールを取り扱う業務に10年以上従事した者は、離職時・離職後に、法令に基づく健康管理手帳の交付対象となる。

Q088 粉じん作業に従事した者で、じん肺管理区分が管理2または3の者は離職時・離職後に、法令に基づく健康管理手帳の交付の対象となる。

Q089 石綿が吹き付けられた建築物の解体作業に1年以上従事し、初めて石綿の粉じんにばく露した日から10年以上経過している者は、離職時・離職後に、法令に基づく健康管理手帳の交付対象となる。

Q090 ビス(クロロメチル)エーテルを取り扱う業務に3年以上従事した者は、離職時・離職後に、法令に基づく健康管理手帳の交付対象となる。

Q091 ベーターナフチルアミンを取り扱う業務に3ヵ月以上従事した者で、一定の要件に該当する者は、離職時・離職後に、法令に基づく健康管理手帳の交付対象とならない。

Q092 塩化ビニルを重合する業務に4年以上従事した者は、離職時・離職後に、法令に基づく健康管理手帳の交付対象とならない。

Q093 じん肺健康診断の結果、じん肺の所見がないと診断された労働者のじん肺管理区分は、管理1である。

試験合格への道! 事業者は、新たに常時粉じん作業に従事することとなった労働者に対してじん肺健康診断を行い、結果の7年間保存が必要です。

A087
✕

<u>メタノール</u>を取り扱う業務は、健康管理手帳の交付対象ではない。

A088
◯

じん肺管理区分が管理**2**か**3**の者は、**健康管理手帳**の交付の対象となる。

A089
◯

設問の条件のほか、労働安全衛生法施行令第23条に関し、厚生労働大臣が定める要件により、「両肺野に石綿による**不整形陰影**または**胸膜肥厚**がある者」「石綿等を取り扱う作業（設問の者を除く）に10年以上従事した者」も健康管理手帳の交付対象となる。

A090
◯

ビス（クロロメチル）エーテルを取り扱う業務に**3年**以上従事した者は、健康管理手帳の交付対象となる。

A091
✕

ベータ‐ナフチルアミンを取り扱う業務に**3ヵ月**以上従事した者は、健康管理手帳の交付対象となる。

A092
✕

塩化ビニルを重合する業務に**4年**以上従事した者は、健康管理手帳の交付対象となる。

A093
◯

じん肺健康診断の結果によるじん肺管理区分では、管理1はじん肺の所見なし、管理2および3は**不整形陰影**はあるが、著しい**肺機能**障害なし、管理4は著しい**肺機能**障害があると認められるとなっている。

試験合格への道！ 常時粉じん作業に従事する労働者は、じん肺健康診断を受けて、都道府県労働局長にじん肺管理区分を決定すべきことを申請できます。

163

Q094
☑☑☑ じん肺健康診断の結果、じん肺の所見があると診断された労働者のじん肺管理区分は、地方じん肺診査医の診断・審査により、都道府県労働局長が決定する。

Q095
☑☑☑ じん肺法に基づくじん肺管理区分の決定・通知などに関し、じん肺管理区分が管理3か4と決定された者については、療養を要する。

Q096
☑☑☑ じん肺管理区分の決定の通知を受けた事業者は当該労働者に対し、決定されたじん肺管理区分と留意すべき事項を通知し、その事実を記載した書面を作成して3年間保存しなければならない。

2 労働安全衛生法関係省令/①労働安全衛生規則

Q097
☑☑☑ 廃棄物の焼却施設において焼却灰を取り扱う業務(設備の解体などに伴うものを除く)を行う作業場は、6ヵ月以内ごとに1回、定期に当該作業場における空気中のダイオキシン類の濃度を測定しなければならない。

Q098
☑☑☑ 屋内作業場に多量の熱を放散する溶融炉があるときは、加熱された空気を直接屋外に排出し、その放射するふく射熱から労働者を保護する措置を講じなければならない。

Q099
☑☑☑ 労働安全衛生規則で定められている衛生基準について、硫化水素濃度が100万分の10を超える場所には関係者以外の者が立ち入ることを禁止し、その旨を見やすい箇所に表示等をしなければならない。

じん肺管理区分は、地方じん肺診査医の診断・審査によって、都道府県労働局長が決定します。

じん肺管理区分は、地方じん肺診査医の診断・審査により**都道府県労働局長**が決定する。

療養を必要とするのは、「じん肺管理区分が管理4と決定された者および管理2または3＋**合併症**にかかっている者」である。

じん肺管理区分の決定の通知を受けた事業者は、**遅滞なく**当該労働者に対し、決定されたじん肺管理区分とその者が留意すべき事項を**通知**し、その事実を記載した書面を作成して**3**年間保存しなければならない。

廃棄物の焼却施設において焼却灰を取り扱う業務（設備の解体などに伴うものを除く）を行う作業場は、**6**ヵ月以内ごとに1回、定期に作業場における空気中の**ダイオキシン類**の濃度を測定しなければならない。

ふく射熱から労働者を保護する措置とは**隔壁**、保護眼鏡、頭巾類、**防護**衣などを使用させることをいう。

その他の立ち入り禁止場所として、「**多量の高熱物体**を取り扱う場所」、「**病原体**による汚染のおそれの著しい場所」、「**多量の低温物体**を取り扱う場所」などがあることも押さえておこう。

Q100 ☑☑☑
炭酸ガス（二酸化炭素）濃度が1％を超える場所には、関係者以外の者が立ち入ることを禁止し、かつその旨を見やすい箇所に表示等をしなければならない。

Q101 ☑☑☑
労働安全衛生規則により定められている衛生基準について、著しく暑熱または多湿の作業場においては、やむを得ない事由がある場合を除き、休憩の設備を作業場外に設けなければならない。

Q102 ☑☑☑
労働安全衛生規則により定められている衛生基準について、強烈な騒音を発する屋内作業場においては、その伝ぱを防ぐため、隔壁を設けるなど必要な措置を講じなければならない。

②有機溶剤中毒予防規則

Q103 ☑☑☑
有機溶剤含有物とは、有機溶剤と有機溶剤以外のものとの混合物で、有機溶剤を当該混合物の重量の10％を超えて含有するものをいう。

Q104 ☑☑☑
第1種有機溶剤等であるトリクロルエチレンを総重量の4％、第2種有機溶剤等であるキシレンを総重量の5％含有し、それ以外は有機溶剤以外のものからなる混合物は、第2種有機溶剤等に区分される。

Q105 ☑☑☑
必須
屋内作業場で、第2種有機溶剤等が付着したものの乾燥の業務に労働者を従事させるとき、その作業場所の空気清浄装置を設けていない局所排気装置の排気口で、厚生労働大臣が定める濃度以上の有機溶剤を排出するものの高さを、屋根上から2mとしているのは、有機溶剤中毒予防規則に違反しない。

A100 ✕
炭酸ガス（二酸化炭素）濃度が**1.5**％を超える場所には、関係者以外の人が立ち入ることを禁止し、かつその旨を**見やすい箇所**に表示等をしなければならない。

 A101 ○
著しく**暑熱**、**寒冷**、**多湿**の作業場や有害な**ガス**、蒸気、**粉じん**を発散する作業場などにおいては、坑内などの特殊な作業場でやむを得ない事由がある場合を除き、休憩の設備を**作業場外**に設けなければならない。

 A102 ○
強烈な騒音（等価騒音レベル**90**デシベル以上）を発する屋内作業場においては、騒音の伝ぱを防ぐために**隔壁**を設けるなど、必要な措置を講じなければならない。

 A103 ✕
有機溶剤中毒予防規則で有機溶剤含有物とは、有機溶剤と**有機溶剤以外のもの**との混合物で、有機溶剤を当該混合物の重量の**5**％を超えて含有するものをいう。

 A104 ○
第2種有機溶剤等とは①**第2種有機溶剤等**、②**第2種有機溶剤等のみからなる混合物**、③**第2種有機溶剤等とそれ以外のもの**との混合物で、第2種有機溶剤等が全重量の**5**％超のもの、④第1種有機溶剤等（全重量の**5**％以下）と第2種有機溶剤等（全重量の**5**％以下）の合計が混合物の全重量の**5**％超のもの。

 A105 ○
空気清浄装置のない屋内作業場の**局所排気**装置、**プッシュプル型換気**装置などの排気口は、屋根上から**1.5**m以上としなければならない。「2m」と出題されても正解である。

試験合格への道！ 作業場所には、有機溶剤の①人体に及ぼす作用、②取り扱い上の注意点、③中毒時の応急処置の3点を掲示しなければなりません。

Q106 ☑☑☑ 有機溶剤等を入れたことのあるタンクで、有機溶剤の蒸気が発散するおそれのあるものの内部における業務に労働者を従事させるときは、当該労働者に送気マスクを使用させなければならない。

Q107 ☑☑☑ 必須 有機溶剤等を入れてあった空容器で有機溶剤の蒸気が発散するおそれのあるものについては、密閉するか、または屋外の一定の場所に集積しておかなければならない。

Q108 ☑☑☑ 第3種有機溶剤等を用いて吹き付けによる塗装作業を行う場所に、全体換気装置を設け有効に稼働させているが、作業者に送気マスクも有機ガス用防毒マスクも使用させていないことは、有機溶剤中毒予防規則に違反している。

Q109 ☑☑☑ 屋内作業場において、第2種有機溶剤等を使用して常時洗浄作業を行う場合、作業中の労働者が有機溶剤等の区分を容易に知ることができるよう容器に青色の表示をしていることは、有機溶剤中毒予防規則に違反していない。

Q110 ☑☑☑ 屋内作業場において、第2種有機溶剤等を使用して常時洗浄作業を行う場合、作業場における空気中の有機溶剤の濃度を、6ヵ月以内ごとに1回、定期に測定し、その測定結果などの記録を3年間保存しなければならない。

試験合格への道! 有機溶剤含有物とは、有機溶剤と有機溶剤以外のものとの混合物で、有機溶剤を当該混合物の重量の5%を超えて含有するものです。

A106

有機溶剤等が入っていたタンク内では、**送気マスク**を使用しなければならない。

A107 ○

有機溶剤等を入れてあった空容器で、有機溶剤の蒸気が発散するおそれのあるものは、その容器を**密閉**するか、屋外の一定の場所に**集積**しなければならない。

A108 ○

第３種有機溶剤等を用いて**吹付作業以外の作業**を行う場合は、全体換気装置でも可能だが、その場合は作業者に送気マスクまたは有機ガス用防毒マスクを使用させなければならない。タンク等の内部で第３種有機溶剤等を用いて**吹付作業**を行う場所には、**密閉装置、局所排気装置、プッシュプル型換気装置**のいずれかの設置が必要である。

A109 ✕

第１種有機溶剤等は**赤色**、第２種有機溶剤等は**黄色**、第３種有機溶剤等は**青色**で表示しなければならない。また、作業中の労働者が見やすい場所に、有機溶剤の人体に及ぼす作用、有機溶剤等の取り扱い上の注意事項および有機溶剤による中毒が発生したときの**応急処置**などを掲示することも押さえておこう。

A110 ○

第**１**種有機溶剤等および第**２**種有機溶剤等を取り扱う屋内作業場では、**６**ヵ月以内ごとに１回、空気中の**有機溶剤**の濃度を定期的に測定しなければならない。また、その測定結果などの記録を３年間保存しなければならない。

 試験合格への道！ 127ページ「屋内作業場において有機溶剤業務に必要な労働衛生設備」を確認しておきましょう。

Q111 屋内作業場において、第2種有機溶剤等を使用して常時洗浄作業を行う場合、作業に常時従事する労働者に対し、6ヵ月以内ごとに1回、定期に、特別の項目について医師による健康診断を行い、その結果に基づき作成した有機溶剤等健康診断個人票を5年間保存しなければならない。

Q112 屋内作業場において、第2種有機溶剤等を使用して常時洗浄作業を行う場合、作業場所に設けたプッシュプル型換気装置について、原則として、1年以内ごとに1回、定期に自主検査を行い、その検査の結果等の記録を3年間保存する。

必須

Q113 屋内作業場において、第2種有機溶剤等を使用して常時洗浄作業を行う場合、作業場所に設けた局所排気装置について、外付け式フードの場合は0.4m/sの制御風速を出し得る能力を有するものにしなければならない。

⸻ ③特定化学物質障害予防規則 ⸻

Q114 特定化学物質のうち、ジアニシジンを製造しようとするときは、労働安全衛生法に基づく厚生労働大臣の許可は必要ない。

Q115 特定化学物質のうち、ベリリウムを製造しようとするときは、労働安全衛生法に基づく厚生労働大臣の許可は必要ない。

Q116 特定化学物質のうち、オルトーフタロジニトリルを製造しようとするときは、労働安全衛生法に基づく厚生労働大臣の許可は必要ない。

試験合格への道！ 屋内作業場などにおいて有機溶剤業務に係る有機溶剤等の色分けによる表示は、赤(第1種)、黄(第2種)、青(第3種)です。

A111
○

第1種有機溶剤等および**第2種**有機溶剤等を取り扱う屋内作業場（一部例外あり）では、雇い入れの際と配置替えの際に加え、**6**ヵ月以内ごとに1回、定期に特殊健康診断を行わなければならない。

A112
○

第2種有機溶剤等を使用して常時洗浄作業を行う屋内作業場所では、**局所排気**装置と**プッシュプル型換気**装置は**1**年以内ごとに1回、定期自主検査を行わなければならない。

A113
✕

外付け式フードの場合は、側方吸引型および下方吸引型は**0.5**m/s、上方吸引型は**1.0**m/sとなる。囲い式フードの場合は、**0.4**m/sの制御風速を出し得る能力を持つ必要がある。

A114
✕

第**1**類特定化学物質であるジアニシジンを製造しようとする事業者は、あらかじめ**厚生労働大臣**の許可を受けなければならない（第2類、第3類物質には、この規定はない）。

A115
✕

ベリリウムは第**1**類特定化学物質であるため、製造しようとするときは、あらかじめ厚生労働大臣の許可を受けなければならない。

A116
○

オルト‐フタロジニトリルは第**2**類特定化学物質なので、製造しようとするときは、厚生労働大臣の許可を受ける必要はない。

試験合格への道！　有機溶剤に関しては、作業環境測定、特殊健康診断、定期自主検査の内容を押さえましょう。

Q117 第1類物質は、「クロム酸およびその塩」をはじめとする7種の発がん性の認められた化学物質と、それらを一定量以上含有する混合物である。

Q118 第1類物質を容器に入れ、容器から取り出し、または反応槽などへ投入する作業を行うときは、発散源を密閉する設備、外付け式フードの局所排気装置かプッシュプル型換気装置を設けなければならない。

Q119 特定化学物質の用後処理として、除じん、排ガス処理、排液処理、残さい物処理および、ぼろ等の処理の規定がある。排液処理については、シアン化ナトリウムの場合には、酸化・還元方式もしくは活性汚泥方式による排液処理装置、またはこれらと同等以上の性能を有する排液処理装置を設けなければならないと規定されている。

Q120 第1類特定化学物質を製造し、または取り扱う場合、第1類物質の粉じんを含む気体を排出する局所排気装置には、スクラバまたはサイクロンのいずれかの方式による除じん装置を設けなければならない。

Q121 硫酸を含有する排液を排液処理する場合は、中和方式による排液処理装置、またはそれと同等以上の性能を持つ排液処理装置を設けなければならない。

Q122 特別管理物質を製造する事業者が事業を廃止しようとするときは、作業環境測定の記録、またはその写しを所轄労働基準監督署長に提出しなければならない。

試験合格 への道! 特定化学物質は、第1類物質が最も人への有害性が高く、第2類、第3類の順に低くなっています。

PART
③
関係法令（有害）
③特定化学物質障害予防規則

 A117

「クロム酸およびその塩」は、第**2**類物質である。

 A118

第1類物質を容器に入れ、容器から取り出し、または反応槽などへ投入する作業を行うときは、**囲い式フード**の局所排気装置か**プッシュプル型**の換気装置を設けなければならない。

 A119

特定化学物質を使用した後は、**除じん**、**排ガス処理**、**排液処理**、**残さい物処理**、**ぼろ等の処理**といった用後処理をしなければならない。

 A120

除じんを行う場合は粉じんの粒径に応じて、**ろ過除じん方式**、**電気除じん方式**、**スクラバによる除じん**方式、**マルチサイクロンによる除じん**方式によって除じんしなければならない。

 A121

排液処理については、塩酸・硝酸・硫酸は**中和**方式、アルキル水銀化合物・硫化ナトリウムは**酸化・還元**方式などがある。

 A122

特別管理物質を製造する屋内作業場の**作業環境測定**の記録やその写しは、その製造業者が事業を廃止しようとするとき、**所轄労働基準監督署長**に提出しなければならない。

 試験合格への道！ 133ページ「除じん装置の規定」で、粉じんの粒径と除じん方式を覚えましょう。 173

④酸素欠乏症等防止規則

Q123
☑☑☑
必須

第1種酸素欠乏危険作業については、その日の作業開始後速やかに、当該作業場における空気中の酸素の濃度を測定しなければならない。

Q124
☑☑☑

し尿を入れたことのあるポンプを修理する場合で、これを分解する作業に労働者を従事させるときは、指揮者を選任し、作業を指揮させなければならない。

Q125
☑☑☑
必須

酸素欠乏症等にかかった労働者を、酸素欠乏等の場所において救出する作業に労働者を従事させるときは、当該救出作業に従事する労働者に空気呼吸器等を使用させなければならない。

Q126
☑☑☑

第2種酸素欠乏危険作業を行う場所については、その日の作業を開始する前に、空気中の酸素と亜硫酸ガスの濃度を測定しなければならない。

Q127
☑☑☑
必須

酸素欠乏危険作業に労働者を従事させる場合で、当該作業を行う場所において酸素欠乏等のおそれが生じたときは、ただちに作業を中止し、労働者をその場所から退避させなければならない。

Q128
☑☑☑

第1鉄塩類を含有している地層に接するたて坑の内部における作業は、第2種酸素欠乏危険作業である。

酸素欠乏とは、空気中の酸素濃度が18%未満である状態をいいます。

A123 酸素欠乏危険場所では、**その日の作業開始前**に空気中の酸素濃度（第2種酸素欠乏危険作業は、空気中の**酸素濃度**および**硫化水素濃度**）の測定を行わなければならない。

 A124 事業者は、**し尿**、腐泥、汚水、パルプ液等を入れてあり、もしくは入れたことのあるポンプ等の改造、修理、清掃等を行う場合において、これらの設備を分解する作業に労働者を従事させるときは、硫化水素中毒の防止について必要な知識を有する者のうちから**指揮者**を選任し、その者に当該作業を指揮させること等の措置を講じなければならない。

 A125 爆発や酸化などを防止するため、酸素欠乏危険作業を行う場所の換気ができない場合は、**空気呼吸器**や**酸素呼吸器**、**送気マスク**が必要である。防毒マスクは、**酸素欠乏状態の空気**がそのまま入ってくるので使用してはならない。

 A126 第2種酸素欠乏危険作業を行う場所については、空気中の**酸素**と**硫化水素**の濃度を測定する義務がある。

 A127 なお、酸素欠乏危険作業に労働者を従事させるときは、常時作業の状況を**監視**し、異常があったときに直ちに**酸素欠乏危険作業主任者**およびその他の関係者に通報する者を置く等異常を**早期に**把握するために必要な措置を講じなければならない。

 A128 **第1鉄塩類**や**第1マンガン塩類**を含有している地層に接するたて坑の内部における作業は、**第1種酸素欠乏危険**作業である。設問のほかに果菜の熟成のために使用している倉庫の内部における作業、酒類を入れたことのある醸造槽の内部における作業、ドライアイスを使用している冷蔵庫内部における作業、相当期間密閉されていた鋼製のタンクの内部における作業は、**第1種酸素欠乏危険作業**である。

 酸素欠乏危険場所で作業を行わせるときは、その日の作業開始前に空気中の酸素濃度の測定を行わなければなりません。

Q129
☑☑☑
次のA～Dについて、法令上、第2種酸素欠乏危険作業であるものの組み合わせはBとCである。
A 腐泥層に接する井戸の内部での作業
B 海水が滞留している暗きょの内部での作業
C 魚油その他、空気中の酸素を吸収する物質を入れてあるタンクの内部での作業
D 汚水その他、腐敗しやすい物質を入れてある槽の内部での作業

Q130
☑☑☑
酸素欠乏危険作業を行う場所の換気を行うときは、純酸素または新鮮な外気を使用しなければならない。

Q131
☑☑☑
汚水を入れたことのあるピットの内部における清掃作業の業務に労働者を就かせるときは、第1種酸素欠乏危険作業に係る特別の教育を行わなければならない。

⑤石綿障害予防規則

Q132
☑☑☑
建築物の解体作業を行う仕事の注文者は、石綿等の使用の有無の調査、当該作業などの方法について、法令の遵守を妨げるおそれのある条件を付さないように配慮しなければならない。

Q133
☑☑☑
石綿等の除去作業に労働者を従事させるときは、隔離式全面形防じんマスクと、それと同等以上の性能を有する空気呼吸器や酸素呼吸器、送気マスクを使用させなければならない。

Q134
☑☑☑
石綿等の除去作業については、その作業を開始する日の14日前までに、その計画を所轄の労働基準監督署長に届け出なければならない。

131ページ「酸素欠乏危険場所」で、第1種酸素欠乏危険場所、第2種酸素欠乏危険場所に当てはまる場所を確認しましょう。

A129 ✕

第2種酸素欠乏危険作業とは、酸素欠乏危険場所(酸素濃度が**18**%未満になるおそれのある場所)のうち、硫化水素の濃度が**10**ppmを超えるおそれのある場所で、①**海水**が滞留している暗きょ、マンホール内部など、②**し尿**、**腐泥**、**汚水**などの腐敗しやすい物質を入れたタンク、槽、暗きょ、マンホールなど内部での作業をいう。BとDが第2種酸素欠乏危険作業に該当する。

 A130 ✕

換気を行う際、**純酸素**を使用すると爆発等の事故を起こすおそれがあるため使用してはならない。

 A131 ✕

汚水を入れたことのあるピットの内部は、**第2種**酸素欠乏危険場所である。したがって、「**第2種**酸素欠乏危険作業」に係る特別の教育を行わなければならない。

 A132 ◯

建築物などの解体工事や封じ込め、囲い込みの作業の発注者は、工事の**請負人**に対し、当該建築物などにおける**石綿含有建材**の使用状況等(設計図書等)を通知するよう努めなければならない。

 A133 ✕

隔離式全面形防じんマスクではなく、防じん機能を有する**電動ファン付き呼吸用保護具**である。

 A134 ◯

石綿等の除去作業については、その作業を開始する**14**日前までに「特定粉じん排出等作業実施届出書」を所轄の労働基準監督署長に提出しなければならない。

 試験合格への道! 事業者は、酸素欠乏危険作業について、酸素欠乏危険作業主任者を選任しなければなりません。 177

Q135
☑☑☑
石綿等を取り扱う屋内作業場は、6ヵ月以内ごとに1回作業環境測定を行うとともに、測定結果などを記録し、40年間保存しなければならない。

Q136
☑☑☑
石綿等の粉じんが発散する屋内作業場に設けた局所排気装置は、原則として1年以内ごとに1回自主検査を行うとともに、検査の結果などを記録し、3年間保存しなければならない。

Q137
☑☑☑
事業者は、常時石綿等を取り扱う作業に従事する労働者については、1ヵ月を超えない期間ごとに作業の概要などを記録し、当該労働者が常時当該作業に従事しなくなった日から40年間保存しなければならない。

Q138
☑☑☑
常時石綿等を取り扱う作業に従事する労働者に対し、定期に特別の項目による健康診断を行いその記録を、その者が常時当該業務に従事しなくなった日から40年間保存しなければならない。

Q139
☑☑☑
石綿等を常時取り扱う作業場の床等については、水洗する等粉じんの飛散しない方法によって、毎週1回以上、掃除を行わなければならない。

Q140
☑☑☑
石綿等を取り扱う事業者が事業を廃止しようとするときは、石綿関係記録等報告書に、石綿等に係る作業の記録および局所排気装置、除じん装置等の定期自主検査の記録を添えて所轄労働基準監督署長に提出しなければならない。

⑥粉じん障害防止規則

Q141
☑☑☑
耐火物を用いた炉を解体する作業は、法令上、特定粉じん作業に該当しない。

試験合格への道! 石綿障害予防規則の対象となる石綿等とは、石綿と、石綿をその重量の0.1%を超えて含有するものをいいます。

A135
○

石綿等を取り扱う屋内作業場は、**6**ヵ月以内ごとに1回、定期に石綿の空気中の濃度を測定しなければならず、その結果などを記録し、これを**40**年間保存しなければならない。

A136
○

石綿等の粉じんが発散する屋内作業場に設けた**局所排気**装置、**プッシュプル型換気**装置、**除じん**装置などは、原則として、**1**年以内ごとに1回、定期に自主検査を行うとともに、検査の結果などを記録し、**3**年間保存しなければならない。

A137
○

事業者は、常時石綿等を取り扱う作業に従事した労働者について、**1**ヵ月を超えない期間ごとに作業の概要などを記録し、当該労働者が石綿等を取り扱う作業に**従事しない**こととなった日から**40**年間保存しなければならない。

A138
○

事業者は、石綿等の取り扱いに常時従事する労働者に対しては、雇い入れ時等のほか**6**ヵ月以内ごとに1回、定期に特別の項目による健康診断を行い、その結果に基づいて**健康診断個人票**を作成しなければならない。

A139
✕

事業者は、石綿を含む粉じんを取り扱う作業場および休憩室の床等については、水洗する等粉じんの飛散しない方法によって、**毎日**1回以上、掃除を行わなければならない。

A140
✕

「作業の記録および局所排気装置、除じん装置等の定期自主検査の記録」ではなく、「作業の記録、**作業環境測定**の記録および石綿健康診断の**個人票**」である。

A141
○

なお、屋内で金属を研磨する箇所における作業で特定粉じんに該当するのは、手持式動力工具でなく**固定された**動力工具であることも押さえておこう。

 石綿等を常時取り扱う作業場の床は、水洗などによって容易に掃除できる構造のものとし、毎日1回以上、掃除をしなければなりません。

179

Q142 常時特定粉じん作業を行う屋内作業場については、1年以内ごとに1回、定期に作業環境測定を行うとともに、測定結果等を記録し、これを7年間保存しなければならない。

Q143 屋内の特定粉じん発生源については、その区分に応じて密閉する設備、局所排気装置、プッシュプル型換気装置もしくは湿潤な状態に保つための設備の設置、またはこれらと同等以上の措置を講じなければならない。

Q144 粉じん作業に労働者を従事させるときは、坑内等の特殊な作業場でやむを得ない事由がある場合を除き、粉じん作業を行う作業場以外の場所に休憩設備を設けなければならない。

Q145 特定粉じん発生源に係る局所排気装置に、法令に基づき設ける除じん装置は、粉じんの種類がヒュームである場合には、サイクロンによる除じん方式のものでなければならない。

Q146 粉じん作業を行う屋内の作業場所については、特定粉じん作業の場合は毎日1回以上、特定粉じん作業以外の粉じん作業の場合は毎週1回以上、清掃を行わなければならない。

⑦その他規則

Q147 管理区域とは、外部放射線による実効線量と空気中の放射性物質による実効線量との合計が3ヵ月間につき1.3mSv（ミリシーベルト）を超えるおそれのある区域、または放射性物質の表面密度が法令に定める表面汚染に関する限度の10分の1を超えるおそれのある区域をいう。

試験合格への道！ 粉じん作業のうち、粉じん発生源が一定の場所であるものを特定粉じん作業といいます。

「1年以内ごとに1回」は、「**6ヵ月以内ごとに1回**」であるので誤り。測定結果の**7**年間保存の記載は正しい内容である。

 特定粉じん作業以外の粉じん作業を行う屋内作業場においては、**全体換気装置**による換気の実施またはこれと同等以上の措置が必要とされていることも押さえておこう。

 坑内等の特殊な作業場でやむを得ない事由がある場合を除き、労働者を粉じん作業に就かせるときは、粉じん作業を行う**作業場以外の場所**に**休憩設備**を設けなければならない。

 ヒュームは**ろ過除じん**方式、**電気除じん**方式で除じんしなければならない。ヒューム以外の粉じんは**マルチサイクロンによる除じん**方式、**スクラバによる除じん**方式、**ろ過除じん**方式、**電気除じん**方式のいずれかで除じんしなければならない。

 粉じん作業、特定粉じん作業いずれも毎日**1**回以上、清掃を行わなければならない。

 なお、外部放射線による実効線量の算定は、1cm線量当量（**ある場所の放射線**の量を表す物理量の1つをいい、人体組成を模擬した元素組成値を持つ直径**30**cmの球体を放射線場に置いて、その表面から1cmの**深さ**の点での線量）によって行う。

 特定粉じん作業に係る業務については特別教育が必要です。粉じん作業に係る業務については特別教育は不要です。

Q148
☑☑☑
男性または妊娠する可能性がないと診断された女性が受ける実効線量の限度は、緊急作業に従事する場合を除き、5年間につき100mSv、かつ、1年間につき50mSvである。

Q149
☑☑☑
事業者が、定期の有機溶剤等健康診断を行ったときは、その結果を所轄労働基準監督署長に報告しなければならない。

3 労働基準法／①労働時間および休憩、休日・休暇

Q150
☑☑☑
著しく多湿な場所における業務は、労働基準法に基づく時間外労働に関する協定(36協定)を締結しても、労働時間の延長が1日2時間以内に制限される。

Q151
☑☑☑
異常気圧下における業務は、労働基準法に基づく時間外労働に関する協定(36協定)を締結しても、労働時間の延長が1日2時間以内に制限される。

Q152
☑☑☑
病原体によって汚染されたものの取り扱い業務は、36協定を締結しても、労働時間の延長が1日2時間以内に制限される。

Q153
☑☑☑
腰部に負担のかかる立ち作業の業務は、36協定を締結しても、労働時間の延長が1日2時間以内に制限される。

②妊産婦等保護の規定

Q154
☑☑☑
すべての女性労働者は、20kg以上の重量物を継続的に取り扱う業務に就かせてはならない。

試験合格への道! 137ページの表を参考に、妊産婦等と年少者の就業制限について、24業務に該当するもの・しないものを把握しておきましょう。

放射線業務従事者の線量限度（被ばくの限度）

	実効線量限度	等価線量限度
男性および妊娠不能と診断された女性	**100mSv**/5年 かつ **50mSv**/年	目の水晶体：100mSv/5年 かつ50mSv/年 皮膚：500mSv/年
妊娠可能な女性	5mSv/3ヵ月	
妊娠中の女性	1mSv/妊娠中	腹部表面：2mSv/妊娠中

特殊健康診断を行ったときは、その**使用する労働者数にかかわらず**、所轄労働基準監督署長に提出（報告）しなければならない。有機溶剤等健康診断は特殊健康診断に該当するため、**事業規模にかかわりなく**、その結果の報告義務が課せられる。

著しく多湿な場所における業務は就業制限業務に該当しないため、労働時間は1日について**2**時間を超えて延長できる。

異常気圧下における業務は就業制限業務に該当するため、36協定を締結して所轄労働基準監督署長に届け出る場合でも、労働時間の延長が1日**2**時間以内に制限される。

病原体によって汚染されたものの取り扱い業務は就業制限業務に該当しないため、労働時間は1日について**2**時間を超えて延長できる。

腰部に負担のかかる立ち作業の業務は、就業制限業務に**該当しない**。

A154
〇

20kg以上の重量物を継続的に取り扱う業務は、**すべての女性労働者**について就業が禁止されている。

試験合格への道！　妊産婦とは、妊娠中の女性と産後1年を経過しない女性のことをいいます。

Q155 満18歳以上で産後8週間を経過したが1年を経過しない女性から、著しく寒冷な場所における業務に従事しない旨の申し出があった場合には、当該業務に就かせてはならない。

Q156 使用者は、満16歳未満の女性を継続作業の場合は8kg以上、満16歳以上満18歳未満の女性を断続作業の場合は25kg以上、満18歳以上の女性を断続作業の場合は30kg以上の重量物を取り扱う業務に就かせてはならない。

③年少者保護の規定

Q157 さく岩機、鋲打ち機などの身体に著しい振動を与える機械器具を用いて行う業務は、労働基準法の「満18歳に満たない者を就かせてはならない業務」に該当しない。

Q158 給湿を行う紡績や織布の業務は、労働基準法の「満18歳に満たない者を就かせてはならない業務」に該当しない。

Q159 多量の高熱物体を取り扱う業務は、労働基準法の「満18歳に満たない者を就かせてはならない業務」に該当しない。

Q160 著しく寒冷な場所における業務は、労働基準法の「満18歳に満たない者を就かせてはならない業務」に該当しない。

Q161 強烈な騒音を発する場所における業務は、労働基準法の「満18歳に満たない者を就かせてはならない業務」に該当しない。

試験合格への道! 鉛、水銀、クロムなどの有害物や蒸気、粉じん業務と重量物を取り扱う業務は、すべての女性の就業制限業務です。

A155
著しく**寒冷**な場所における業務は就業制限業務に該当するため、産婦が**請求**したときは、その業務に就かせてはならない。

A156
「重量物」とは、女性の年齢、作業区分に応じて、下表の重量以上のものをいう。

年齢	断続作業(kg)	継続作業(kg)
満16歳未満	12	**8**
満16歳以上満18歳未満	**25**	15
満18歳以上	**30**	20

A157
使用者は、年少者（満**18**歳に満たない者）を就業制限業務に就かせてはならない。さく岩機、鋲打ち機などの身体に著しい振動を与える機械器具を用いて行う業務は、**就業制限**業務に該当する。

A158
給湿を行う**紡績**や**織布**の業務は、就業制限業務に該当しない。

A159
多量の**高熱物体**を取り扱う業務は、就業制限業務に該当する。

A160
著しく**寒冷**な場所における業務は、就業制限業務に該当する。

A161
強烈な**騒音**を発する場所における業務は、就業制限業務に該当する。

重量物制限は、満16歳以上満18歳未満の年少者（男性）と、満18歳以上の女性が同じ重さになっています。

185

ココが出る！ 試験対策のポイント

● 有害業務以外の作業環境について、温熱環境や情報機器作業、受動喫煙防止対策などを押さえておきましょう。また、心肺蘇生法では手順の流れを、骨折ではその分類を正しく理解しておくことが重要です。

● 必要換気量では計算問題も出題されますので、何回も問題を解いて慣れておく必要があります。

■1 衛生管理体制

1 衛生管理体制の概要　　　　頻出度 ★☆☆

①管理の分類 ☑ ☑ ☑

衛生管理においては、①**作業環境**管理、②作業管理、③**健康**管理において、体制を整えて管理していく必要がある。これらの管理を円滑かつ効率的に進められるように、「**衛生管理体制の整備**」と「**労働衛生教育**」の実施が加えられる。

CHECK! 3つの管理

①作業環境管理	②作業管理	③健康管理
作業場内にあるさまざまな有害因子を作業環境から除去し、良好な作業環境を維持し、労働者の健康を確保すること。	職業性疾病の予防という点から、作業自体（作業方法、作業量、作業時間、作業姿勢など）を管理すること。	労働者の健康保持・増進を図るために行われる、労働者の心身を中心とした管理。

運動　栄養　保健

得点を上げるゴロ
衛生管理体制
左官の隠居、詐欺退治して豊漁時に退吉。
作業環境の有害因子除去、作業自体（方法・量・時間）の管理、身体管理

2 作業環境管理

1 作業環境の分類　　　　　　　　頻出度 ★☆☆

①一般作業環境と有害作業環境　☑ ☑ ☑

　作業環境要素は、**一般**作業環境と**有害**作業環境によって分けられる。一般作業環境における作業環境要素（**温熱環境**、**視環境**など）は、それ自体ではただちに労働者の健康に対して悪影響を及ぼすものではないが、**快適性**・**安全**・長期間にわたる健康レベルの良否に関わるものである。

2 温熱環境　　　　　　　　　　　頻出度 ★★★

①温熱指標等　☑ ☑ ☑

　温熱環境においては、**温度**（気温）、**湿度**、**気流**などを管理することで整備していく。主な用語とその定義は、以下の通りである。

CHECK! 用語の定義

用　語	定　義	ポイント
温熱条件	温度感覚に影響する要素。**気温**、**湿度**、**気流**、**ふく射熱**の４つ。	気温の高低は、温度感覚を左右する最大の要因。
実効温度（感覚温度）	**気温**、**湿度**、**気流**の総合効果を指標で表したもの。※計算ではなく、**ヤグロー有効温度図表**が多く用いられる。	**ふく射熱**は考慮されない。※**ふく射熱**の影響を受ける場合は、修正実効温度を用いるほうが合理的。
修正実効温度	**ふく射熱**を考慮した実効温度。乾球温度ではなく、**黒球温度**を用いて測定する。	**直射日光**などの放射熱源にさらされ、周壁の温度が気温と等しくない場合などに用いられる。
至適温度	暑からず寒からずの温度感覚を**実効温度**で示したもの。	**作業強度**や**作業時間**、**年齢**などによって異なるが、一般的に作業強度の影響が強く、作業時間が長いと**低い**。

得点を上げる ゴロ　温熱条件

温熱条件は起伏の激しい気質。

温熱条件＝気流、ふく射熱、気温、湿度

	蒸し暑さの程度を表したもので、気温と湿度から一定の計算式で求められる。 ［参考］0.72×（乾球温度＋湿球温度）＋40.6	一般的に**80**以上で、大多数が不快と感じるとされる。気流は考慮されていない。
不快指数		
WBGT 指数 （湿球黒球温度指数）	**気温**、**湿度**、**ふく射熱**を加味した暑さの総合指数。 太陽照射のある場合 0.7×**自然湿球**温度＋0.2×**黒球**温度＋0.1×**乾球**温度 太陽照射のない場合 0.7×**自然湿球**温度＋0.3×**黒球**温度	・労働環境において、作業者が受ける**暑熱**環境による熱ストレスの評価を行う簡便な指標として用いる。 ・負荷が大きい仕事をすると熱中症になりやすくなるため、WBGT基準値は**小さな値**となる。また**熱**に**順化**（暑さに慣れる）している人に用いる基準値のほうが、順化していない人に用いる基準値よりも**大きな値**となる。

以上の温熱条件を、それぞれ測定・評価するために必要なデータは以下のようになっている。

CHECK! 必要な測定データ

	乾球温度	湿球温度	気流	黒球温度
湿度（＝相対湿度）	○	○	×	×
実効温度	○	○	○	×
修正実効温度	×	○	○	○
不快指数	○	○	×	×
WBGT指数	○	○	×	○

3 視環境—照明、彩色など

頻出度 ★☆☆

①照明の種類 ☑ ☑ ☑

作業においては、それぞれの作業に適した照明を整備する必要がある。普通の作業では**白色光**を使用し、作業面や床面に強い影を作らないようにする。立体視を要する作業では、適度な**影**は必要（＝影ができない照明がよいというわけではない）。

また、全般照明と局部照明を併用する場合、全般照明は局部照明の照度の**10分の1**以上とする。

得点を上げるゴロ 不快指数
真夏にかけて漢詩読むタスクはスリル度80点。
<u>0.72×（乾球温度＋湿球温度）＋40.6</u>、<u>80以上で不快</u>

CHECK! 照明の種類と方法

種類	**全般**照明	作業場**全体**を明るくする照明。
	局部照明	手元などの**局所**を特に照らす照明。
方法	**直接**照明	光源から**直接**照らす方法。
	間接照明	天井や壁に**反射させた**光を作業面に照らす方法。

②彩色など ☑ ☑ ☑

部屋の彩色としては、目より低い位置は**濁色**とし、目より高い位置は**明るい色**にするとよい。また、まぶしさを避けるためには、目と光源を結ぶ線と視線とが作る角度を**30**°以上にする。

白など、明度の高い色は照明などの光を反射するため、全体の照度を上げるはたらきがある。鮮やかで彩度の高い色は、疲労度を**増加**させることがある。

CHECK! 彩色の明度と彩度

明度	色の持つ**明るさ**の度合い	高　←　明度　→　低
彩度	色の<u>鮮やかさ</u>の度合い	高　←　彩度　→　低

---

3 職業性疾病

1 食中毒

頻出度 ★★☆

①食中毒の種類 ☑ ☑ ☑

食中毒は、大きくは**細菌**性食中毒と**化学**性食中毒とに分類される。さらに、細菌性食中毒は**感染**型と**毒素**型とに分けられる。

ウェルシュ菌、**セレウス菌**、**カンピロバクター**は、いずれも**細菌性食中毒**の原因菌である。

得点を上げる ゴロ 部屋の彩色
目下のところ抱く光明がまぶしく、活動散漫。
<u>目の下</u>＝濁色、<u>高所</u>＝<u>明</u>るい色、<u>角度</u>＝<u>30</u>°

	タイプ	原因菌と特徴	主な原因食品
細菌性食中毒	感染型（細菌そのものによる中毒）	<u>サルモネラ菌</u>（熱に弱い。急性胃腸炎型の症状）。	排泄物で汚染された<u>食肉</u>や卵。
		<u>腸炎ビブリオ</u>（熱に弱い。腹痛、水様性下痢。潜伏期間はおおむね10〜20時間）。	<u>近海の海産魚介類</u>（病原性好塩菌）。
	毒素型（細菌の出す毒素による中毒）	<u>ボツリヌス菌</u>（神経症状を呈し、致死率が高い）。	<u>缶詰</u>など。
		<u>黄色ブドウ球菌</u>（嘔吐、比較的症状は軽い）。	<u>弁当</u>、あんこなど。
		<u>O-157</u>、<u>O-111</u>（大腸菌による食中毒。出血を伴う水様性の下痢。夏季に感染することが多い）。	加熱が不十分な<u>生肉</u>、<u>内臓</u>を食べる。
化学性食中毒	自然毒	<u>フグ毒（テトロドトキシン）</u>、ジャガイモの芽、毒キノコなど。	―
	化学物質	<u>ヒスタミン</u>、ヒ素、PCBなど。	―
ウイルス性食中毒	―	<u>ノロウイルス</u>（エタノールや逆性石鹸は効果がない。下痢、嘔吐、腹痛。潜伏期間はおおむね24〜48時間。冬季に感染することが多い）。	ウイルスに汚染された食品を十分<u>加熱</u>しないで食べる。

2 その他

頻出度 ★★☆

①情報機器作業時の労働衛生管理 ☑ ☑ ☑

　情報機器作業による健康障害は、自覚症状が先行する<u>愁訴先行</u>型である。

　情報機器作業従事者に対する特殊健康診断の検査項目は、眼精疲労を中心とする<u>業務歴</u>、既往歴、自覚症状の有無の検査、視力、調節機能などの眼科学的検査、<u>筋骨格系に関する検査</u>などがある。

得点を上げるゴロ　細菌性食中毒
　いかんせん、さるに燕尾服着せた<u>ドクター</u>に<u>ブドウ</u>を没収された。
　<u>感染型＝サ</u>ルモネラ、<u>腸炎ビブリオ</u>　<u>毒素型＝</u>黄色<u>ブドウ</u>球菌、<u>ボツリヌス</u>

CHECK! 情報機器作業で講ずべき措置

講ずべき措置	基　　　準
<u>書類上およびキーボード面の照度</u>	<u>300ルクス以上</u>
ディスプレイ画面の<u>上端の高さ</u>	目の位置と同じか、<u>やや下</u>
ディスプレイ画面までの<u>視距離</u>	<u>40cm以上</u>
ディスプレイ画面の<u>文字の高さ</u>	<u>3</u> mm以上
一連続作業時間	①<u>1</u>時間を超えない ②次の連続作業までの間に<u>10～15分</u>の休憩かつ一連続作業時間内において1～2回程度の小休止を設けること。

②受動喫煙防止対策　☑ ☑ ☑

労働安全衛生法において、事業者は、労働者の受動喫煙を防止するため、適切な措置を講じるよう努めるものとされている。

CHECK! 職場の受動喫煙防止対策の実施について

健康増進法で義務づけられる事項および労働安全衛生法68条の2により、事業者が実施すべき事項(努力義務)を一体的に示すことを目的として「職場における受動喫煙防止のためのガイドライン」(厚生労働省)が定められている(以下要約抜粋)。

> **組織的対策**
>
> **(1)受動喫煙防止対策の組織的な進め方**
>
> ①推進計画の策定
>
> 　事業者は、受動喫煙防止対策を推進するための<u>推進計画</u>を策定する。推進計画には、受動喫煙防止対策に関し、将来達成する目標と達成時期、目標達成のために講じる措置や活動等がある。なお、推進計画の策定の際は、事業者が主体的に計画し、労働者の積極的な協力を得て、<u>衛生委員会等</u>で十分に検討すること。
>
> ②担当部署の指定
>
> 　事業者は、企業全体や事業場の規模等に応じ、受動喫煙防止対策

<u>得点を上げる</u>
ゴロ 喫煙対策における数値
桐生の伯父さんが夫人の甥っ子に言った「ヒマ?」。
<u>気流=0.2m/s</u>、<u>浮遊粉じん=0.15mg/m³</u>、<u>一酸化炭素=10ppm以下</u>

の担当部署や担当者を指定する。各事業場における受動喫煙防止対策の状況について、定期的に把握、分析、評価等を行い、問題がある職場について改善のための指導を行わせる。評価結果等については、経営幹部や衛生委員会等に適宜報告し、その実情に応じた適切な措置の決定に役立つようにすること。

③労働者の健康管理等

④標識の設置・維持管理

　事業者は、施設内に喫煙場所を定めるときは、喫煙場所の出入口と施設の主な出入口の見やすい箇所に、必要な事項を記載した標識を掲示しなければならない。

⑤意識の高揚と情報の収集・提供

⑥労働者の募集と求人の申込み時の受動喫煙防止対策の明示

（2）妊婦等への特別な配慮

　事業者は、妊娠している労働者など、受動喫煙による健康への影響を一層受けやすい懸念がある者に、特に配慮を行うこと。

喫煙可能な場所における作業に関する措置

（1）20歳未満の者の立入禁止

　事業者は、健康増進法において、喫煙専用室などの喫煙可能な場所に、20歳未満の者を立ち入らせることが禁止されている。

（2）20歳未満の者への受動喫煙防止措置

（3）20歳以上の労働者に対する配慮

各種施設における受動喫煙防止対策

（1）第一種施設

　多数の者が利用する学校や病院などのほか、受動喫煙で健康を損なうおそれの高い者が主に使う施設のこと。健康増進法で原則敷地内禁煙となる。そのため、技術的基準を満たす屋外の喫煙場所を除き労働者に敷地内で喫煙をさせないこととしている。

（2）第二種施設

　2人以上の者が利用する施設のうち、第一種施設や喫煙目的施設以外の施設のこと。第一種施設と同様に原則屋内禁煙となる。

（3）既存特定飲食提供施設

　得点を上げる　ゴロ　腰痛予防対策の健康診断項目
親戚のじいさん、気負ってぎっくり腰に。
神経学的検査、脊柱の検査、自覚症状の有無の検査、既往歴

客席面積が**100m²**以下、個人または資本金**5,000万円**以下の会社による経営、などの条件を満たした飲食店のこと。受動喫煙を望まない者に、喫煙可能場所での業務や飲食に配慮が必要。

③腰痛予防対策　☑☑☑

厚生労働省は腰痛予防対策として、「職場における腰痛予防対策指針」の中で、次のような健康診断の項目を設けている。

CHECK! 腰痛予防対策に関する健康診断項目

①**既往歴**（腰痛に関する病歴とその経過）、**業務歴**の調査。
②**自覚症状**（腰痛、下肢痛、下肢筋力減退、知覚障害など）の有無の検査。
③**脊柱**の検査（姿勢異常、脊柱の変形などの検査）。
④**神経学的検査**（神経伸展試験、深部腱反射等の検査）。

4 作業管理

1 作業管理の概念　　頻出度 ★☆☆

作業管理とは、作業環境の**測定**、**評価**、**改善**のサイクルを回しながら、作業場の実態を把握して作業環境を改善するもので、健康障害を予防するための労働衛生管理である。

2 事務室などの作業環境改善　　頻出度 ★★☆

①必要換気量　☑☑☑

労働者1人当たりに必要な気積（部屋の容積）は、**10m³**以上。なお、人間の呼気の成分は、酸素が約**16**%、二酸化炭素が約**4**%、ほかは**窒素**であり、部屋の二酸化炭素濃度が、人間が呼出する二酸化炭素によって上昇しても、**0.1**%以下になるよう換気して調整する。

衛生上、入れ替える必要のある空気の量（必要換気量）は、194ページの算出式で求める。この必要換気量は、**労働強度**に比例する。

 人間の呼気成分
吐く息がくさい酔っていた兄さん、ひとむかし前に山荘にいた。
人間の呼気成分、<u>4</u>%、<u>二酸化炭素</u>、<u>16</u>%、酸素

CHECK! 事務室における必要換気量の算出式

必要
換気量＝
（m³/h）
$\dfrac{①室内にいる人が\underline{1}時間に呼出する\underline{二酸化炭素量}（m³/h）}{②室内の二酸化炭素基準濃度 － ③外気の二酸化炭素濃度}$

① 1人の呼気中の二酸化炭素の容量……**4**%（0.04）

② 室内の二酸化炭素基準濃度……**0.1**%（0.001）

③ 外気の二酸化炭素濃度……**0.03**～**0.04**%（0.0003～0.0004）

※必要換気量を算出するときに用いる数値は、すべて二酸化炭素の数値。

②必要換気回数 ☑☑☑

必要換気回数は、以下のように求める。**換気回数**を増やせば二酸化炭素濃度等を常に低く抑えることができるが、一方で**室内風速**の増加、**室内温度**の低下をもたらす。

CHECK! 必要換気回数の算出式

必要換気回数（回/h）＝ $\dfrac{必要換気量（m³/h）}{気積（m³）}$

5 健康管理

1 健康の保持増進対策　　　　　　　　頻出度 ★★☆

①健康測定と健康指導 ☑☑☑

健康測定は、労働者が**自分**の健康状態について正確な知識を持ち、自分で健康管理をすることを目的とする。

通常勤務している労働者を対象として健康測定を実施し、その結果に基づいて**産業医**などを中心とした産業保健スタッフによって行われるものが、総合的な健康指導（**メンタルヘルスケア**を含む）である。

必要換気量

いちいち戸主にタンカ切る。実に短気。外国語に堪能だけど。
室内にいる人が1時間に呼出する二酸化炭素／室内の二酸化炭素基準濃度－外気の二酸化炭素濃度

	調査・指導	内容
健康測定	生活状況調査	仕事の内容、通勤の状況、趣味・嗜好、運動習慣・運動歴・食生活など。
	医学的検査	個々の労働者の健康状態を身体面から調べるもので、疾病の発見が主たる目的ではない。法定の定期健康診断の項目にはないが、健康測定における医学的検査において行われるものは①皮下脂肪厚、②血中の尿酸の量、③肺活量など。
	運動機能検査	筋力、柔軟性、平衡性、敏捷性、全身持久性など。

①運動指導	②栄養指導	③保健指導
健康指導 労働者が、個々の健康状態に合った適切な運動を日常生活に取り入れる方法を習得するための指導。	食生活上問題が認められた労働者に対する、栄養の摂取量・食習慣・食行動の評価と改善についての指導。	勤務形態や生活習慣病からくる健康上の問題を解決するため、睡眠・喫煙・飲酒・口腔保健などの生活指導を含む。

＋

	①セルフケア	②ラインケア	③事業場内産業保健スタッフ等によるケア	④事業場外資源によるケア
メンタルヘルスケア	労働者が自ら心の健康について理解する。	管理監督者が心の健康に関して、職場環境の改善などを行う。	産業医、衛生管理者などの産業保健スタッフなどが、事業場の心の健康対策を推進する。	事業場外の専門機関を活用する。

得点を上げる ゴロ 健康測定
「正常なのに胃が痛いのは危険？」「うん、危険」。
生活状況調査・医学的検査・運動機能検査

195

なお、健康測定で行われる運動検査は、以下のようになっている。

CHECK! 運動機能検査項目と内容

検査項目	検査内容
筋力	握力、上体起こし（筋持久力）。
柔軟性	立位体前屈、座位体前屈。
平衡性	閉眼（または開眼）片足立ち。
敏捷性	全身反応時間。
全身持久力	自転車エルゴメーターによる最大酸素摂取量間接測定。

6 労働衛生管理統計

1 労働衛生管理統計　　　　　　頻出度 ★★★

①主要な労働衛生管理統計　☑☑☑

労働衛生管理統計は、事業上の現状を統計学的に明らかにするのに効果的な方法。最も重要な指標となる労働衛生管理統計が以下の疾病休業統計で、求め方は下図の通り。

なお、疾病休業延べ日数には、年次有給休暇のうち疾病によることが明らかなものも含め、負傷が原因となって引き続き発生した疾病についても疾病休業件数に含める。

また、延べ実労働時間数には残業時間や休日労働時間数も算入する。

CHECK! 疾病休業統計の求め方

●病休強度率
在籍労働者の延べ実労働時間数1,000時間当たり、何日の疾病休業があったかの割合。

$$\frac{[疾病休業延べ日数]}{在籍労働者の延べ実労働時間数} \times [1,000]$$

得点を上げる
ゴロ
疾病休業統計
今日の闘莉王は当たり。でも、しっぺ返しにする。
病休強度率＝1,000時間当たりの疾病休業延べ日数

●病休度数率

在籍労働者の延べ実労働時間数100万時間当たり、何件の疾病休業があったかの割合。

$$\frac{[疾病休業件数]}{在籍労働者の延べ実労働時間数} \times [1,000,000]$$

●疾病休業日数率

在籍労働者の延べ所定労働日数100日当たり、何日の疾病休業があったかの割合。

$$\frac{[疾病休業延べ日数]}{在籍労働者の延べ所定労働日数} \times [100]$$

●病休件数年千人率

在籍労働者数1,000人当たり、何件の疾病休業があったかの割合。

$$\frac{[疾病休業件数]}{在籍労働者数} \times [1,000]$$

②有所見率と発生率　☑☑☑

有所見率とは、ある時点において各種検査等で「所見あり」とされた人の割合であり、発生率とは、一定期間に有所見者が発生した割合を指す。

CHECK! 有所見率と発生率

有所見率	ある時点における有所見者の割合。	例）健康診断時の有所見者の割合。
発生率	一定の期間に有所見者が発生した割合。	例）1年度中の有所見者の割合。

得点を上げるゴロ　有所見率と発生率
優勝までは次点、8勝すれば一気に感動。
有所見率＝ある時点、発生率＝一定の期間

7 一次救命処置

1 心肺蘇生法 頻出度 ★★★

①手順 ☑ ☑ ☑

心肺蘇生は、以下の手順で行う。

CHECK! 心肺蘇生手順

①意識の反応を確認する。

普段どおりの呼吸を認めるときは、傷病者の呼吸状態の観察を続け、救急隊の到着を待つ。可能な場合は傷病者を側臥位回復体位としてもよい。

②反応がない場合は周囲に協力を求め、119番通報および手近なAED（自動体外式除細動器）の準備をする。

③10秒以内で、呼吸と身体の動きの確認をする（胸と腹部の動きに注目する）。

④呼吸がない場合や判断に迷う場合は、心停止すなわち心肺蘇生の適応と判断し、ただちに胸骨圧迫を開始する。

 心肺蘇生法
古希から角煮、胸を拭く。
呼吸と身体の動きの確認、胸と腹部

⑤心肺蘇生法
訓練を受けていない救助者は、胸骨圧迫のみの心肺蘇生を行う。質の高い胸骨圧迫を行うため、部位は胸骨の下半分とし、深さは胸が約<u>5</u>cm沈み<u>6</u>cmを超えないように圧迫する。1分間当たり<u>100</u>〜<u>120</u>回のテンポで行う。

⑥気道確保と人工呼吸
救助者が人工呼吸の訓練を受けており、行う<u>技術</u>と意思がある場合は、胸骨圧迫と人工呼吸を30：2の比で繰り返し行う。人工呼吸を行う際には気道確保を行い頭部後屈あご先挙上法で行う。人工呼吸を2回行うための胸骨圧迫の中断は10秒以内とし、胸骨圧迫比率をできるだけ大きく、最低でも60％とする。

⑦AED到着後
音声メッセージに従い電気ショックを行う。ショック後はただちに<u>胸骨圧迫</u>を再開する。胸骨圧迫・人工呼吸とAEDの使用は、救急隊など二次救命処置を行うことのできる救助者に引き継ぐか、明らかに心拍再開と判断できる反応が出現するまで繰り返し続ける。

2 出血、骨折　　　　　頻出度 ★★★

①出血の対処　☑ ☑ ☑

短時間に全血液量の<u>3</u>分の<u>1</u>が失われると生命が危険な状態となり、<u>2</u>分の<u>1</u>が失われると出血により死亡する。

止血法としては、<u>直接圧迫</u>法、<u>間接圧迫</u>法、<u>止血帯</u>法がある。

止血法
直感的に布団を敷けた。
<u>直接</u>圧迫法、<u>間接</u>圧迫法、<u>止血帯</u>法。

199

止血法	処 置
直接圧迫法	①<u>出血部位</u>を<u>直接圧迫</u>する。 ②簡単で効果が優れていて、一般的な応急手当法。
間接圧迫法	①出血部位より<u>心臓に近い部位</u>の動脈を圧迫する。 ②各部位の<u>止血点</u>を指で骨に向けて強く圧迫して、動脈の血流を遮断する。
止血帯法	①出血部より心臓に近い部分の動脈を<u>止血帯で縛って</u> 血流を遮断する方法で、<u>最後の手段</u>として用いる。 ②<u>直接圧迫法</u>により<u>止血</u>できないときに、上腕または 大腿部を<u>止血帯</u>（三角巾、ネクタイ、手ぬぐいなど、 <u>3</u>cm以上の幅がある帯状の布）でしっかり縛る（下イ ラスト参照）。 止血帯

　動脈からの出血でもまずは<u>直接圧迫</u>法、<u>間接圧迫</u>法を試み、<u>止血帯法</u>は最後の手段として行う。また、止血処置を行うときは、感染防止のため<u>ゴム手袋</u>を着用したり<u>ビニール袋</u>を活用したりして、受傷者の血液に直接触れないようにする。

②骨折の対処　☑ ☑ ☑

　骨折が疑われる場合は、骨折部を<u>固定</u>する。<u>固定</u>のため副子（ふくし）を手や足に当てるときは、その先端が手先や足先から出るように当てる。なお、<u>脊髄損傷</u>が疑われる場合は、負傷者を硬い板の上に乗せて搬送する。

得点を上げる
ゴロ　間接圧迫法
関節は、出家した武士より親日家のほうが分厚い。
<u>出血部位</u>より<u>心臓に近い部分</u>の<u>圧迫</u>

完全**骨折**	骨が**完全に折れている**状態。
不完全**骨折**	骨に**ひびが入った**状態。
単純**骨折**	皮膚には損傷がなく、皮膚の下で骨折(皮下骨折)。
複雑**骨折**	骨折とともに皮膚、皮下組織などが損傷し、骨折端が外に出ている状態(開放骨折)。

※骨にひびが入った状態は不完全骨折でありながら、皮膚の下で骨折している状態なので単純骨折でもある。

3 熱傷 (火傷)   頻出度 ★★☆

①熱傷の対処   ☑ ☑ ☑

　水疱ができたときは、清潔な**ガーゼ**などで軽く覆い、医療機関を受診する(水疱を破ってはいけない)。衣類を脱がすときは、**熱傷面**に付着している衣類は残して、その周辺の部分だけを切り取る。

　45℃程度の熱源への長時間接触による**低温熱傷**は、一見軽傷に見えても熱傷深度は深く、難治性の場合が多い。

CHECK! 熱傷の程度

重症度		症　状
軽 ↓ 重	Ⅰ度	皮膚が赤くなり、ヒリヒリ痛む。皮膚表面の熱傷。
	Ⅱ度	水疱(水膨れ)ができ、強い痛み・灼熱感を伴う。
	Ⅲ度	傷が皮下組織まで達した状態で、皮膚は白っぽくなり、ただれる。組織は壊死する。

4 心臓発作   頻出度 ★★☆

①心臓発作を起こす心疾患   ☑ ☑ ☑

　心筋梗塞は冠状動脈の動脈硬化により、血管がつまって心筋の壊死が起こる心臓発作であり、突然の激しい胸痛、**呼吸困難**、不整脈などを起こし、突然死に至ることもある。

　狭心症は冠状動脈の血液が一時的に滞るために起こる心臓発作であり、発作は長くても**15**分以内に治まる場合が多い。

 得点を上げる ゴロ　熱傷の程度
一度は批評、二等兵が酔歩しながら三度も微笑み返し。
Ⅰ度:皮膚表面、Ⅱ度:水疱、Ⅲ度:壊死

5 脳血管障害

①主な脳血管障害 ☑ ☑ ☑

　脳梗塞や脳出血では、頭痛、吐き気、手足のしびれ、麻痺、言語障害、視覚障害などの症状が認められる。<u>くも膜下出血</u>の症状は、「頭が割れるような」「ハンマーでたたかれたような」と表現される急激で激しい頭痛が特徴である。<u>肥満</u>、<u>高血圧症</u>、<u>脂質異常症</u>、<u>糖尿病（耐糖能異常）</u>は、死の四重奏といわれる4つの因子であり、合併すると深刻な脳・心臓疾患に至るリスクが大きく高まる。

CHECK! 脳血管障害の種類

	病変	病名	状態
脳血管障害	<u>出血性</u>病変	<u>くも膜下出血</u>	脳表面のくも膜下に出血している。
		<u>脳出血</u>	脳実質内に出血している。
	<u>虚血性</u>病変	<u>脳血栓症</u>	脳血管自体の動脈硬化病変による。
		<u>脳塞栓症</u>	心臓や動脈壁の血栓などがはがれて脳血管を閉塞する。

6 窒息

①窒息の種類 ☑ ☑ ☑

　窒息とは埋没、溺水などにより気道が閉塞され、または酸素不足の空気や窒息性のガスを吸入することにより、肺に酸素が入らずガス交換ができなくなって、呼吸に障害をきたした状態のことをいう。

CHECK! 窒息の種類

種類	定義と救助方法
<u>埋没</u>	①<u>土砂崩れ</u>や、<u>倒壊した建物</u>の下敷きとなって窒息すること。 ②埋没位置が確認できたら、頭部を傷つけないよう頭のほうから掘り出す。

得点を上げる ゴロ　脳血管障害
出家したクモが脳出血、急きょ決定した決戦の即戦力。
<u>出</u>血性：<u>く</u>も膜下出血・<u>脳出血</u>、<u>虚</u>血性：脳<u>血栓</u>症・脳<u>塞栓</u>症

<u>溺水</u>	①溺水とは、溺れて水に沈んでいる状態。 ②溺れてから<u>8〜10</u>分は肺に水が入り込んでいない窒息状態なので、蘇生する可能性が高い。 ③溺水者に気づかれないように、<u>後方</u>から近寄って救助する。
<u>酸素欠乏・ガス中毒</u>	①酸素欠乏による事故は、<u>酸素不足</u>の空気を吸入することにより起こる。 ②ガス中毒による事故は、一酸化炭素、<u>青酸ガス</u>、硫化水素など、組織呼吸を妨げる性質を持つガスを吸入することにより起こる。 ③救助者は、送気マスクなどの<u>給気式</u>呼吸用保護具などを着用する。

まるおぼえ 01 計算 ☑☑☑

$$\text{必要換気量(m}^3/\text{h)} = \frac{\text{①室内にいる人が1時間に呼出する二酸化炭素量(m}^3/\text{h)}}{\text{②室内二酸化炭素基準濃度} - \text{外気の二酸化炭素濃度}}$$

$$\text{必要換気回数(回/h)} = \frac{\text{必要換気量(m}^3/\text{h)}}{\text{気積(m}^3)}$$

$$\text{病休強度率} = \frac{\text{疾病休業延べ日数}}{\text{在籍労働者の延べ実労働時間数}} \times [1{,}000]$$

$$\text{病休度数率} = \frac{\text{疾病休業件数}}{\text{在籍労働者の延べ実労働時間数}} \times [1{,}000{,}000]$$

$$\text{疾病休業日数率} = \frac{\text{疾病休業延べ日数}}{\text{在籍労働者の延べ所定労働日数}} \times [100]$$

$$\text{病休件数年千人率} = \frac{\text{疾病休業件数}}{\text{在籍労働者数}} \times [1{,}000]$$

　得点を上げるゴロ　窒息（ポイント）
参った、父さん溺愛する<u>ハ</u>ト探すせい。
埋没：頭から、　溺水：8〜10分以内、酸欠・ガス中毒：青酸ガス

1 衛生管理体制の概要 ／①労働安全衛生マネジメントシステム

Q001
☑☑☑
労働安全衛生マネジメントシステムに関する指針(Q002では「指針」とする)では、労働安全衛生法の規定に基づき機械、設備、化学物質等による危険または健康障害を防止するため、事業者が講ずべき具体的な措置を定めるものではないとしている。

Q002
☑☑☑
指針では、事業者は事業場における安全衛生水準の向上を図るための安全衛生に関する基本的な考え方を示すものとして、安全衛生方針を表明し、労働者および関係請負人その他の関係者に周知させることとしている。

Q003
☑☑☑
事業者は、労働安全衛生マネジメントシステムにしたがって行う措置が適切に実施されているかどうかについて調査および評価を行うため、外部の機関による監査を受けなければならない。

2 作業環境管理 ／②温熱環境

Q004
☑☑☑
WBGTには基準値が定められており、WBGT値がWBGT基準値を超えている場合は、熱中症にかかるリスクが高まっていると判断される。

Q005
☑☑☑
WBGTは暑熱環境によるストレスの評価に用いられる指標で、太陽照射がある場合、自然湿球温度、黒球温度、乾球温度の測定値から算出する。

Q006
☑☑☑
WBGT基準値は、身体に対する負荷が大きな作業のほうが、負荷が小さな作業より小さな値となる。

Q007
☑☑☑
至適温度は、作業中の温度感覚を表す指標として、作業に対応するエネルギー代謝率と職場の平均気温から求められ、感覚温度ともいわれる。

WBGTは、「屋外で太陽照射のある場合」と「屋内や屋外で太陽照射のない場合」とで計算式が異なります。

①労働安全衛生マネジメントシステム／②温熱環境

A001

設問のほか、当該システムは、**生産管理等**事業実施にかかる管理と一体となって運用されるものとしている。

A002

設問のほか、当該システムでは、事業者は、安全衛生方針に基づいて設定した**安全衛生目標**を達成するため、事業場における**危険性**または**有害性等**の調査の結果等に基づき、一定の期間を限り、安全衛生計画を作成することとしている。

A003

当該指針によれば、システム監査は、当該システムにしたがって行う措置が適切に実施されているかどうかについて、**安全衛生計画**の期間を考慮して業者が行う調査および評価であるとしている。外部機関による監査を受ける必要はない。

A004

算出したWBGT（単位：℃）の値が、作業内容に応じて設定されたWBGT基準値を**超える**場合には、**熱中症**が発生する危険性がある。

A005

太陽照射のない場合は、0.7×**自然湿球温度**＋0.3×**黒球温度**、太陽照射のある場合は、0.7×**自然湿球温度**＋0.2×**黒球温度**＋0.1×**乾球温度**の式で算出される。

A006

負荷が大きい仕事をすると熱中症になりやすくなるため、WBGT基準値は**小さな値**となる。**熱に順化**している人の基準値のほうが、順化していない人の基準値より**大きな値**となる。

A007

至適温度は、暑からず寒からずの温度。感覚温度といわれているのは、**実効**温度である。

温熱条件が出てきたら、気温、湿度、気流、放射熱（ふく射熱）の条件が4つそろっているか確認しましょう。

Q008
☑☑☑
デスクワークの場合の至適温度は、筋的作業の場合の至適温度より低い。

Q009
☑☑☑
温熱条件は、気温と湿度、気流、ふく射熱の4つの温熱条件によって決まる。

Q010
☑☑☑
不快指数は、気温と気流、ふく射熱を要素として計算で求められる。

Q011
☑☑☑
温度指数などのうち、乾球温度と湿球温度のみで求められるのは実効温度である。

Q012
☑☑☑
放射熱は、アスマン通風乾湿計で測定することができる。

Q013
☑☑☑
相対湿度とは、ある温度における空気中の水蒸気分圧と飽和水蒸気圧との比を百分率で示したものである。

Q014
☑☑☑
夏季などに室内を冷房する場合、外気温との差が大きいと身体の体温調節機能に支障が生じやすいので、外気温と室温の差は7℃以内を目安とする。

---

③視環境 ― 照明、彩色など

Q015
☑☑☑
前方から明かりをとるときは、まぶしさをなくすため目と光源を結ぶ視線とで作る角度が30°以上になるようにするとよい。

乾球温度と湿球温度から求められるのは、相対湿度と不快指数です。

A008 デスクワークの場合の至適温度は、筋的作業の場合の至適温度より**高い**。

 A009 なお、実効温度は、**気温**、**湿度**、**気流**の総合効果を指標で表したもので、**ふく射熱**は加味されないことも押さえておこう。

 A010 **不快指数**は、**気温と湿度**から一定の算式で求める。**気流、ふく射熱**は加味されない。

 A011 実効温度は、気温、湿度、**気流**の総合評価を指標で表したものである。乾球温度と湿球温度のみで求められるものは、「**相対湿度**」と「**不快指数**」である。

 A012 放射熱は、**黒球温度計**で測定することができる。**アスマン通風乾湿計**は、気温と湿度を測定する。

 A013 相対湿度は、ある温度における空気中の**水蒸気分圧**と**飽和水蒸気圧**との比を百分率で示したもの。**0**%以上**100**%以下の値となる。高温多湿の日本では、まれに湿度100%となる。

 A014 夏季などの暑熱時に室内を冷房する場合、外気温との差が大きくなると身体の**体温調節**機能に支障が生じやすく**頭痛**や**生理障害**などが起こる。この状態を**冷房病**という。

 A015 前方から明かりをとるときは、目と光源を結ぶ視線とで作る角度が**30°以上**になるようにするとよい。

 試験合格への道！ 温熱条件について、第1種を受験する場合は、「労働衛生(有害)」の高温環境(240～241ページ)も確認しておきましょう。

PART ④ 労働衛生(共通)

② 温熱環境／③ 視環境 — 照明、彩色など

207

Q016
☑☑☑
北向きの窓では直射日光はほとんど入らないが、一年中平均した明るさが得られる。

Q017
☑☑☑
立体視を必要とする作業には、影のできない照明が適している。

Q018
☑☑☑
全般照明と局部照明とを併用する場合、全般照明による照度は、局部照明による照度の5分の1程度になるようにすることは正しい。

Q019
☑☑☑
照度の単位はルクスで、1ルクスは光度1カンデラの光源から10m離れたところで、その光に直角な面が受ける明るさに相当する。

Q020
☑☑☑
室内の彩色で、明度を高くすると光の反射率が高くなって照度を上げる効果があるが、彩度を高くしすぎると交感神経の緊張を招きやすく、長時間にわたる場合は疲労を招きやすい。

Q021
☑☑☑
光源からの光を壁に反射させて照明する方法を、全般照明という。

Q022
☑☑☑
部屋の彩色にあたり、目の高さから上の壁および天井は、まぶしさを防ぐために濁色にするとよい。

---

3 職業性疾病／①食中毒

Q023
☑☑☑
毒素型食中毒は、食物に付着した細菌によって産生された毒素によって起こる食中毒で、代表的な細菌にサルモネラ菌や腸炎ビブリオ菌がある。

試験合格への道! 視環境については、第1種の本試験では、あまり出題されませんが、188〜189ページの内容は覚えておきましょう。

A016　北向きの窓では、一年中平均した**明るさ**が得られる。

 A017　あらゆる方向から同程度の明るさの光がくると見るものに影ができなくなり、立体感がなくなってしまう。そのため立体視を要する作業では、**適度な影**が必要となる。

 A018　全般照明と局部照明を併用する場合、全般照明による照度は、局部照明による照度の**10分の1 (0.1) 以上**であることが望ましいとされている。設問は**5分の1 (0.2)**なので問題ない。

 A019　1ルクスとは、光度**1カンデラ**の光源から**1m**離れたところで、その光に**直角**な面が受ける明るさに相当する。カンデラは**光度**の単位で、ルクスは**照度**の単位である。

 A020　明度は色の持つ**明るさ**の度合いであり、彩度は色の**鮮やかさ**の度合いである。明度を上げていくと色は**白**になり、下げていくと**黒**になる。彩度を上げていくと色は**鮮やか**になり、下げると**白黒**となる。

 A021　光源からの光を壁に反射させて照明する方法を、**間接照明**という。

 A022　部屋の彩色にあたっては、目の高さから**下**の壁は、まぶしさを防ぐために**濁色**にするとよい。

 A023　**サルモネラ菌**や**腸炎ビブリオ菌**は**感染**型で、食物に付着した細菌そのものの感染によって起こる食中毒である。毒素型は**黄色ブドウ球菌**や**ボツリヌス菌**が代表的なものである。

PART ④ 労働衛生(共通) ③視環境 ─ 照明、彩色など／① 食中毒

 試験合格への道! 189ページの表「照明の種類と方法」を参考に、照明の種類と方法を確認しましょう。

Q024
☑☑☑
ボツリヌス菌は、缶詰、真空パック食品など酸素のない食品中で増殖し、毒性の強い神経毒を産生し、筋肉の麻痺症状を起こす。

Q025
☑☑☑
感染型食中毒は、食物に付着した細菌そのものの感染によって起こる食中毒で、代表的なものとして黄色ブドウ球菌によるものがある。

Q026
☑☑☑
腸炎ビブリオ菌は、病原性好塩菌ともいわれる。

Q027
☑☑☑
ノロウイルスの症状は、筋肉の麻痺などの神経症状が特徴である。

Q028
☑☑☑
O-157は、腸管出血性大腸菌の一種で、加熱不足の食肉などから摂取され、潜伏期間は3～5日である。

Q029
☑☑☑
人間の抵抗力が低下した場合は、通常、多くの人には影響を及ぼさない病原体が病気を発症させることがあり、これを日和見感染という。

Q030
☑☑☑
感染が成立し、症状が現れるまでの人をキャリアといい、感染したことに気付かずに病原体をばらまく感染源になることがある。

試験合格への道！　細菌性食中毒について、190ページの表「食中毒の分類」を参考に、感染型と毒素型とを分類できるようにしておきましょう。

A024 ボツリヌス菌の芽胞は**非常に熱に強く**、100℃程度では、加熱時間を長くしても殺菌するのは困難であることも押さえておこう。

 A025 黄色ブドウ球菌は**毒素**型食中毒である。熱に強く、仕出し弁当などの加工食品が原因となることが多い。感染型食中毒には、**サルモネラ菌**や**腸炎ビブリオ菌**がある。

 A026 腸炎ビブリオ菌は**病原性好塩菌**ともいわれ、**感染型**である。近海の**海産魚介類**が感染源となる。潜伏期間はおおむね**10～20時間**で、熱に**弱く**、症状は胃けいれん様の**腹痛**、**水様性下痢**など。

 A027 ノロウイルスに感染したときの症状は、**嘔吐**、**下痢**、**腹痛**である。**冬季**に集団食中毒として発生するケースが多くみられる。潜伏期間は、**1～2日**間である。

 A028 **O-157**やO-111による食中毒は、ベロ毒素を産生する大腸菌による食中毒で、腹痛、出血を伴う水様性の下痢などの症状を呈する。

 A029 感染が成立しているが、症状が現れない状態が継続することを**不顕性感染**ということも押さえておこう。

 A030 設問の通りである。キャリアは**保菌者**ともいわれる。

PART **④** 労働衛生(共通)

① 食中毒

 試験合格への道! エンテロトキシン(腸管に作用する毒素)と、テトロドトキシン(フグ毒の原因となる毒素)とを混同しないように注意しましょう。

Q031
☑☑☑
新傾向

インフルエンザウイルスにはA型、B型、C型およびD型の4つの型があるが、流行の原因となるのは、主として、A型およびB型である。

---

②その他

Q032
☑☑☑
必須

厚生労働省の「情報機器作業における労働衛生管理のためのガイドライン」に基づく措置では、ディスプレイ画面上の明るさと周辺の明るさの差はなるべく小さくすることとされている。

Q033
☑☑☑
必須

ディスプレイを用いる場合の書類上やキーボード上における照度は、300ルクス以上になるようにする。

Q034
☑☑☑

ディスプレイは、おおむね30cm以上の視距離が確保できるようにし、画面の上端が眼と同じ高さか、やや下になるようにする。

Q035
☑☑☑
必須

情報機器作業については、一連続作業時間が1時間を超えないようにし、次の連続作業までの間に10〜15分の作業休止時間を設け、一連続作業時間内において1〜2回程度の小休止を設けるようにする。

Q036
☑☑☑
必須

情報機器作業健康診断は、一般健康診断を実施する際に、あわせて実施してもよい。

Q037
☑☑☑

1日の情報機器作業の作業時間が4時間未満である労働者については、自覚症状を訴える者についてのみ、情報機器作業に係る定期健康診断の対象としてもよい。

試験合格への道! ディスプレイを用いる場合の書類およびキーボード上は300ルクス「以上」を押さえておきましょう。

A031 ○ インフルエンザや普通感冒の代表的な感染経路は、感染源の人が咳やくしゃみをして、唾液などに混じった病原体が飛散することにより感染する**飛沫感染**であることも押さえておこう。

A032 ○ また、ガイドラインでは、**書類**および**キーボード面**における明るさと周辺の明るさの差もなるべく小さくすることとされている。

A033 ○ 書類やキーボード上の照度は、おおむね**300**ルクス以上とされている。

A034 ✕ ディスプレイは、おおむね**40**cm以上の視距離が確保できるようにし、**ドライアイ**を防ぐために画面の上端が**眼**と同じ高さか、やや**下**になるようにする。

A035 ○ 設問のほか、情報機器作業では、ほかの作業を組み込むことやほかの作業との**ローテーション**を実施するなどして、一連続作業時間が短くなるような配慮が必要となる。

A036 ○ 情報機器作業健康診断は、作業区分に応じて１年以内ごとに**1**回定期に行い、さらには**医師**が必要と認める時期に行う。

A037 ○ 情報機器作業従事者に係る定期健康診断には、眼精疲労を中心とする**自覚**症状の有無の検査、視力・調節機能などの眼科学的検査のほか、業務歴、既往歴、**筋骨格系**に関するものなどがある。

試験合格への道！ 情報機器作業健康診断の項目は、190～191ページ「情報機器作業時の労働衛生管理」を参考にしてください。

213

PART **4** 労働衛生（共通）

① 食中毒／② その他

Q038

☑☑☑

必須

職場の空気環境の測定は定期的に行い、浮遊粉じんの濃度を0.15mg/m³以下、および一酸化炭素の濃度を10ppm以下とするように必要な措置を講じる。

Q039

☑☑☑

厚生労働省の「職場における受動喫煙防止のためのガイドライン」（以下Q040〜042において、「ガイドライン」という）では、「喫煙専用室」を設置する場合、喫煙専用室の出入口において、室外から室内に流入する空気の気流が、0.2m/s以上であることとしている。

Q040

☑☑☑

ガイドラインにおいて、管理者や労働者に対し、受動喫煙による健康への影響などに関する教育や相談を行い、喫煙対策に対する意識の高揚を図ることとしている。

Q041

☑☑☑

必須

ガイドラインにおいて、妊娠している労働者、呼吸器・循環器等に疾患を持つ労働者および未成年者である労働者については、受動喫煙による健康への影響を一層受けやすい懸念があることから、事業者は、これらの者への受動喫煙を防止するため格別の配慮を行う必要があるとしている。

Q042

☑☑☑

ガイドラインにおいて、喫煙専用室の出入口における室外から室内に流入する空気の気流について、6ヵ月以内ごとに1回、定期に測定することとしている。

試験合格への道！ 191〜193ページ「受動喫煙防止対策」をおさらいして、受動喫煙防止に関する対策のポイントを押さえておきましょう。

浮遊粉じん濃度は、**0.15**mg/m³以下、一酸化炭素濃度は**10**ppm以下となるよう措置を講じる。

ガイドラインでは、設問のほかに「たばこの煙が室内から室外に流出しないよう、**壁**、**天井等**によって区画されていること」「たばこの煙が屋外または外部の場所に**排気**されていること」「喫煙専用室の出入口の見やすい箇所に必要事項を記載した**標識**を掲示すること」が定められている。

事業者は喫煙者に対して、**吸い殻**の適切な処分の指導をするほか、**定期健康診断**などの機会に喫煙による健康への影響などに関して医師や保健師などによる個別の相談や助言、指導が行われるようにすることが望ましい。

空間分煙のほか、受動喫煙対策の周知を図るポスターの掲示、パンフレットの配布、**禁煙場所の表示**などを行うこと。また、これらにより**外来者**に対しても受動喫煙防止対策への理解と協力を求めることが重要である。

設問のような空気の気流測定は定められていない。

試験合格への道！ 計算問題はまず、単位をそろえることから始めましょう。

4 作業管理／①事務室などの作業環境改善

Q043

事務室内において、空気を外気と入れ換えて二酸化炭素濃度を1,000ppm以下に保った状態で、在室することのできる最大の人数は20人である。ただし、外気の二酸化炭素濃度を400ppm、外気と入れ換える空気量を500m³/h、1人当たりの呼出二酸化炭素量を0.018m³/hとする。

Q044

在室者が12人の事務室において、二酸化炭素濃度を1,000ppm以下に保つために最小限必要な換気量(m³/h)は約310(m³/h)である(在室者が呼出する二酸化炭素量は1人当たり0.018m³/h、外気の二酸化炭素濃度は300ppmとする)。

Q045

厚生労働省の「職場における腰痛予防対策指針」(以下「腰痛予防対策指針」という)では、重量物取扱い作業における腰痛予防対策として、労働者全員に腰部保護ベルトを使用させることと定められている。

Q046

腰痛予防対策指針では、腰掛け作業での作業姿勢は、椅子に深く腰を掛け、背もたれで体幹を支え、履物の足裏全体が床に接する姿勢を基本とする。

Q047

腰痛予防対策指針では、重量物取扱い作業の場合、満18歳以上の男性労働者が人力のみで取り扱う物の重量は、体重のおおむね40%以下となるようにすることと定められている。

Q048

腰痛予防対策指針では、重量物取扱い作業などにおける腰痛予防対策として、立ち作業時は身体を安定に保持するため、床面は弾力性のない硬い素材とすることと定められている。

試験合格への道! 必要換気量の計算式は、すべて二酸化炭素の量および濃度を使います。

人数を x とし、数値を算出式にあてはめてみると

$$\frac{0.018x}{0.001-0.0004} = 500$$

$x = 16.6666$ となる。20人ではなく**16**人である。

PART
4 労働衛生（共通）

① 事務室などの作業環境改善

1 ppm＝**100万**分の**1**である。設問の1,000ppmは0.001であり、室内の**二酸化炭素基準濃度**の値である。また、300ppmは0.0003で、これは外気の**二酸化炭素濃度**である。数値を算出式にあてはめると、

$$\frac{0.018×12}{0.001-0.0003} ≒ 308.6 ≒ 310[m³/h]$$

定められていないので誤り。腰部保護ベルトは、**個人により効果が異なる**ため、一律に使用するのではなく、個人ごとに効果を確認してから使用の適否を判断する。

設問のほか指針では、**重量物を持ち上げるとき**は、できるだけ**身体を対象物に近づけ**、重心を低くするような姿勢を取るようにする、取り扱う物の重量をできるだけ明示し、著しく重心の偏っている荷物はその旨を明示することとしている。

重量物取扱い作業の場合、満**18**歳以上の女性労働者が人力のみにより取り扱う物の重量は、男性が取り扱うことのできる重量の**60**％くらいまでとされている。

床面が硬い場合は、立っているだけでも腰部への衝撃が大きいので、**クッション性のある**作業靴やマットを利用して、衝撃を緩和する。

試験合格への道！ 腰痛に関する問題は、腰痛予防対策指針から出題されることがほとんどです。

5 健康管理／①健康の保持増進対策

Q049
☑☑☑
健康保持増進対策の推進に当たっては、事業者が労働者等の意見を聴きつつ事業場の実態に即した取組を行うため、労使、産業医、衛生管理者等で構成される衛生委員会等を活用する。

Q050
☑☑☑
健康測定の結果に基づき行う健康指導には、運動指導、メンタルヘルスケア、栄養指導、口腔保健指導、保健指導が含まれる。

Q051
☑☑☑
健康保持増進措置は、主に生活習慣上の課題を有する労働者の健康状態の改善を目指すために個々の労働者に対して実施するものと、事業場全体の健康状態の改善や健康増進に係る取組の活性化等、生活習慣上の課題の有無に関わらず労働者を集団として捉えて実施するものがある。

Q052
☑☑☑
必須
健康測定における生活状況調査は、仕事の内容、通勤の状況のほか、趣味・嗜好、運動習慣・運動歴、食生活などについても行う。

Q053
☑☑☑
必須
健康測定における運動機能検査では、筋力、柔軟性、平衡性、敏捷性、全身持久力などの検査を行う。

Q054
☑☑☑
「労働者の心の健康の保持増進のための指針」によれば、心の健康づくり計画の実施に当たっては、メンタルヘルス不調を早期に発見する「一次予防」、適切な措置を行う「二次予防」およびメンタルヘルス不調となった労働者の職場復帰支援を行う「三次予防」が円滑に行われるようにする必要がある。

試験合格への道！ 健康指導には、①運動指導、②栄養指導、③保健指導の3つの指導があります。

A049 設問の通りである。衛生委員会については、70ページを参照のこと。

PART **④** 労働衛生(共通)

① 健康の保持増進対策

A050 健康測定では、疾病の**早期発見**に重点をおいた健康診断を活用しつつ、追加で生活状況調査等を実施し、**生活習慣**の偏りを把握することが大切であるとされている。

A051 健康保持増進に関する課題の把握や目標の設定等においては、労働者の健康状態等を客観的に把握できる**数値**を活用することが望ましいとされていることも押さえておこう。

A052 健康測定における**生活状況**調査では、仕事の内容、通勤の状況のほか、趣味・嗜好、運動歴、食生活など、さまざまな分野について行い、日常生活の状況やその状況を**労働者自身**がどのように評価しているかを把握する。

A053 なお、筋力の測定は**握力**など、柔軟性は**座位(立位)体前屈**など、平衡性は**閉眼(または開眼)片足立ち**、敏捷性は**全身反応時間**、全身持久力は**最大酸素摂取量間接測定**で行う。

A054 一次予防は、メンタルヘルス不調を「早期に発見する」のではなく、「未然に防止する」ので誤り。なお、二次予防、三次予防については設問の通りである。

Q055

指針によれば、事業者がメンタルヘルスケアを積極的に推進する旨を表明することは、「心の健康づくり計画」で定めるべき事項に含まれる。

Q056

指針によれば、心の健康は職場配置、人事異動、職場の組織などの要因によって影響を受ける可能性があるため、人事労務管理部門と連携するようにする。

Q057

指針によれば、心の健康については、客観的な測定方法が十分確立しておらず、その評価は容易ではない。さらに、心の健康問題の発生過程には個人差が大きく、そのプロセスの把握が難しい。

Q058

メンタルヘルスケアは、「セルフケア」「ラインによるケア」「事業場内産業保健スタッフなどによるケア」「事業場外資源によるケア」の4つのケアが継続的・計画的に行われることが重要である。

Q059

BMI（Body Mass Index：ボディ・マス・インデックス）は肥満度の評価に用いられる指標で、身長170cm、体重66kgの人のBMIは約39である。

試験合格 への道！　健康測定後の健康指導には、メンタルヘルスに関することも含みます。

PART ④ 労働衛生（共通） ① 健康の保持増進対策

A055
○

「心の健康づくり計画」で定めるべき事項には、①事業者がメンタルヘルスケアを積極的に推進する旨の表明に関すること、②事業場における心の健康づくりの体制の整備に関すること、③事業場における問題点の把握およびメンタルヘルスケアの実施に関すること、④メンタルヘルスケアを行うために必要な人材の確保および事業場外資源の活用に関すること、⑤労働者の健康情報の保護に関すること、⑥心の健康づくり計画の実施状況の評価および計画の見直しに関すること、などが含まれている。

A056
○

設問の記述に加え、指針によれば労働者の心の健康は、職場のストレス要因のみならず、家庭・個人生活などの**職場外のストレス要因の影響を受けている場合も多い**ことに留意することとしている。

A057
○

設問の記述に加え、指針によれば、メンタルヘルスケアを推進するに当たって、**労働者の個人情報を主治医などの医療職**や家族から取得する際には、あらかじめこれらの情報を取得する目的を労働者に明らかにして承諾を得るとともに、これらの情報は**労働者本人から提出を受けることが望ましい**としている。

A058
○

職場の同僚が**メンタルヘルス不調**の労働者の早期発見、相談への対応を行うとともに**管理監督者**に情報提供を行う「同僚によるケア」は4つのケアに**該当しない**ことも注意すること。

A059
✕

BMIは次の式で算出される体格指数で、18.5以上25.0未満が**普通体重**とされる。
BMI＝体重(kg)÷(身長(m)×身長(m))
問いのBMIは66÷(1.7×1.7)＝約22.8である。

職場におけるメンタルヘルスケアの重要性は増しています。194〜195ページを参考に、その内容を把握しておきましょう。

Q060
☑☑☑

日本人のメタボリックシンドローム診断基準において「腹部肥満（内臓脂肪の蓄積）」とされるのは、腹囲が男性では85cm以上、女性では90cm以上の場合であり、この基準は、男女とも内臓脂肪面積が100cm²以上に相当する。

6　労働衛生管理統計／①労働衛生管理統計

Q061
☑☑☑

労働衛生管理のための統計について、異なる集団において調査の対象とした項目のデータの平均値が同じであれば、その項目に関しては同じ特徴を持つ集団であると判断される。

Q062
☑☑☑

生体から得られたある指標が正規分布である場合、そのばらつきの程度は、平均値および最頻値によって表される。

Q063
☑☑☑

疫学において、ある事象と健康事象との間に統計上、一方が増えると他方が増えるというような相関が認められるときは、それらの間には必ず因果関係が成り立っている。

Q064
☑☑☑

健康診断における各検査において、スクリーニングレベルを高く設定すると偽陽性率は低くなるが、偽陰性率は高くなる。

Q065
☑☑☑

健康管理統計において、ある時点での検査における有所見者の割合を有所見率といい、このようなデータを静態データという。

Q066
☑☑☑
必須

病休強度率は、疾病休業延べ日数を在籍労働者の延べ実労働時間数で割って1,000を掛けたものである。

試験合格への道!　試験では、BMI値を計算する問題が出題されます。前ページのA059にある算出式を暗記しておきましょう。

A060 ○

メタボリックシンドローム診断基準によると、「日本では、**内臓脂肪**の蓄積があり、かつ、**血中脂質**（中性脂肪、HDLコレステロール）、**血圧**、**空腹時血糖**の3つのうち2つ以上が基準値から外れている場合にメタボリックシンドロームと診断される」ことも押さえておこう。

 A061 ✕

労働衛生管理のための統計において、**異なる集団**では、平均値が同じであっても**分散**が異なれば、異なった特徴を持つ集団と判断される。

 A062 ✕

生体から得られたある指標が**正規分布**という型で分布する場合、そのばらつきの程度は**分散**や**標準偏差**によって表される。

 A063 ✕

疫学において、ある事象と健康事象との間に**因果関係**が成り立つには、①**時間的先行性**、②関係者の**普遍性**、③関係の**強度**、④関係の**特異性**、⑤関係の**一致性**が必要となる。

 A064 ○

スクリーニングレベルは通常**低く**設定してあり、その場合、有所見者を**正常**と判断する率（偽陰性率）が低くなる。

 A065 ○

ある一定期間での検査における有所見者の割合を**発生**率といい、このようなデータを**動態**データということも押さえておこう。

 A066 ○

病休強度率を表す式は、次のようになる。

$$病休強度率 = \frac{疾病休業延べ日数}{在籍労働者の延べ実労働時間数} \times 1,000$$

 試験合格への道！ 「分散」、そして分散の平方根である「標準偏差」は、データの散らばりの度合いを示します。

Q067

在籍労働者数が60人の事業場において、在籍労働者の年間の延べ所定労働日数が14,400日、延べ実労働時間数が101,300時間であり、同期間の疾病休業件数が23件、疾病休業延べ日数が240日である。このときの疾病休業日数率および病休件数年千人率の概算値は、0.10および227である。

Q068

1,000人を対象としたある疾病のスクリーニング検査の結果と、精密検査結果によるその疾病の有無は下表の通りであった。このスクリーニング検査の偽陽性および偽陰性率の近似値は、偽陽性率18.5%、偽陰性率20.0%である。

精密検査結果による疾病の有無	スクリーニング検査結果	
	陽性	陰性
疾病有り	20	5
疾病無し	180	795

7 一次救命処置／①心肺蘇生法

Q069

一次救命処置の手順として、最初に傷病者に反応があるか確認をし、反応がない場合や判断に迷う場合は、大声で叫んで周囲に注意喚起し、協力者を確保すること。もし周囲に協力者がいる場合は、119番通報やAED（自動体外式除細動器）の手配を依頼しておくことが重要である。

Q070

傷病者に反応があり、普段どおりの呼吸を認めるときは、傷病者の呼吸状態の観察を続けつつ、救急隊の到着を待つ。可能な場合は傷病者を側臥位回復体位としてもよい。

Q071

人工呼吸を行う際には気道確保を行う必要がある。気道確保は、頭部後屈あご先挙上法で行う。

必須

PART ④ 労働衛生（共通）

① 労働衛生管理統計／① 心肺蘇生法

$$疾病休業日数率 = \frac{疾病休業延べ日数}{在籍労働者の延べ所定労働日数} \times 100$$

240日÷14,400日×100≒1.67

$$病休件数年千人率 = \frac{疾病休業件数}{在籍労働者数} \times 1,000$$

23件÷60人×1,000≒383

偽陽性率（疾病無しの者を陽性と判定する率）は、180人÷（180人＋795人）×100≒**18.5**%

偽陰性率（疾病有りの者を陰性と判定する率）は、5人÷（20人＋5人）×100＝**20.0**%

その後の手順としては、傷病者の**呼吸**を確認し、普段どおりの息（正常な呼吸）がない場合や観察しても10秒以内で判断できない場合は、**心肺停止**とみなし、**心肺蘇生**を開始する。

救急隊を待っている間に呼吸が認められなくなったり、普段どおりでない呼吸に変化した場合には、**心停止**とみなし、ただちに**心肺蘇生**を開始する。

A071 ○

気道を確保するには、仰向けにした傷病者のそばにしゃがみ、**後頭部**を軽く**下げて**下あごを引き上げる。この方法を、**頭部後屈あご先挙上法**という。

気道確保は下あごを引き上げることがポイントです。

Q072
☑☑☑
心肺蘇生は胸骨圧迫のみではなく、必ず胸骨圧迫と人工呼吸を組み合わせて行わなければならない。

Q073
☑☑☑
胸骨圧迫は、胸が約5cm沈む強さで、1分間に100〜120回のテンポで行う。

Q074
☑☑☑
口対口人工呼吸は、傷病者の鼻をつまみ、1回の吹き込みに約3秒間かけて傷病者の胸の盛り上がりが見える程度まで吹き込む。

Q075
☑☑☑
(必須)
AED(自動体外式除細動器)を用いて救命処置を行う場合には、人工呼吸や胸骨圧迫は、一切行う必要がない。

②出血、骨折

Q076
☑☑☑
体内の全血液量は、体重の約8%で、その1/3を短時間に失うと生命が危険な状態となる。

Q077
☑☑☑
直接圧迫法は、出血部を直接圧迫する方法で、最も簡単で効果的な方法である。

Q078
☑☑☑
間接圧迫法は、出血部を直接圧迫する方法で、それぞれの部位の止血点を指で骨に向けて強く圧迫するのがコツで最も簡単で効果的な方法である。

Q079
☑☑☑
静脈からの出血は、直接圧迫法か間接圧迫法によって止血することができるが、動脈からの出血は、止血帯法によって止血しなければならない。

　AEDを用いた場合は、音声メッセージにしたがって心肺蘇生を続けます。

A072 救助者が人工呼吸の**訓練**を受けており、それを行う**技術**と**意思**がある場合は胸骨圧迫と人工呼吸を組み合わせて行うが、**技術**または**意思**がなければ**胸骨圧迫**のみを行う。

A073 胸骨圧迫の部位は、胸骨の下半分とし、深さは胸が約**5**cm沈むように圧迫する（ただし6cmを超えないようにするものとされている）。圧迫のテンポは、1分間に**100～120**回です。

A074 口対口人工呼吸は、息を**1秒**間かけて吹き込み、傷病者の胸が持ち上がるのを確認する。

A075 AED（自動体外式除細動器）を用いた場合、**電気ショック**を行った後や、**電気ショック**は不要と判断されたときには、音声メッセージに従い、**胸骨圧迫**を開始し、**心肺蘇生**を続ける。

A076 体内の全血液量は、体重の約**8**％（約**1/13**）程度で、その約**1/3**を短時間に失うと生命が危険な状態となる。出血性ショックは、急激な出血により**血圧**が保てなくなるために起こる。

A077 **直接圧迫法**は、**出血部**を直接圧迫する方法。また、最も**簡単**で効果が優れており、応急手当てとして推奨されている。

A078 間接圧迫法は、出血部より**心臓**に近い部位の**動脈**を圧迫する方法である。各部位の**止血点**を指で骨に向けて強く圧迫し、**動脈**の血流を遮断する。

A079 動脈からの出血は、直接圧迫法で止血できない場合に**止血帯法**を用いる。止血帯法は出血部より心臓に近い部分の**動脈**を止血帯で縛って血流を遮断する方法で、**最後**の手段である。

胸骨圧迫のテンポは、1分間に100～120回です。

PART **④** 労働衛生（共通）

① 心肺蘇生法／② 出血、骨折

Q080 静脈性出血は、傷口からゆっくり持続的に湧き出るような出血で、通常、直接圧迫法で止血する。

Q081 内出血は胸腔、腹腔などの体腔内や皮下などの軟部組織への出血で、血液が体外に流出しないものである。

Q082 止血帯を施したときは、原則、医療の管理下で緩める。

Q083 止血処置を行うときは、感染防止のためビニール手袋を着用したりビニール袋を活用したりして、血液に直接触れないようにする。

Q084 複雑骨折とは開放骨折のことをいい、皮膚および皮下組織の損傷を伴い、感染が起こりやすい。

Q085 単純骨折とは、皮膚の損傷はなく、皮膚の下で骨が折れた状態のことをいう。
必須

Q086 不完全骨折では、骨の変形や骨折端どうしが擦れ合う軋轢音が認められる。

Q087 骨折部の固定のための副子を手や足に当てるときは、その先端が手先や足先から少し出るようにして安定させる。
必須

試験合格
への道！

止血帯法は最後の手段です。直接圧迫法でも間接圧迫法でも出血が止まらないときに行います。

A080　**静脈性出血**は、浅い切り傷のときにみられ、傷口からゆっくり持続的に湧き出るような出血である。

 A081　身体の中で起きる出血を、**内出血**という。

 A082　設問の通り。なお、止血帯は、三角巾、ネクタイ、手ぬぐいなど**3cm以上**の幅のある帯状の布でなければならないことも押さえておこう。

 A083　救護を行う場合は、**感染防止**に留意する。止血処置では**ビニール手袋**や**ビニール袋**を活用する。

 A084　複雑骨折とは、骨折とともに**皮膚・皮下組織**が損傷し、骨折端が外へ出ている状態である。**開放骨折**ともいい、**感染**が起こりやすい。

 A085　ひびが入った状態は**不完全骨折**でありながら、皮膚下で骨折（ひびも含まれる）しているので**単純骨折**でもある。

 A086　「不完全骨折」ではなく「**完全骨折**」であるので誤りである。不完全骨折とは骨に**ひびが入った**状態をいい、完全骨折は**完全に骨が折れている**状態をいう。

 A087　また、骨折部を副子で固定するときには、骨折した部分が**変形**していても、そのままの状態を**保持**して、直近の関節部を含めた広い範囲を**固定**する。

Q088
☑☑☑

脊髄損傷が疑われる場合は、負傷者を硬い板の上に乗せて搬送してはならない。

(必須)

③熱傷(火傷)

Q089
☑☑☑

熱傷はⅠ〜Ⅲ度に分類され、Ⅱ度は水疱(すいほう)ができる程度のもので、強い痛みと灼熱感を伴う。

(必須)

Q090
☑☑☑

水疱ができたときは、周囲に広がらないように破って清潔なガーゼや布で軽く覆う。

(必須)

Q091
☑☑☑

熱傷面は、すぐに水をかけて冷やすことが応急手当てのポイントだが、熱傷の範囲が広い場合、全体を冷やし続けることは低体温となるおそれがある。

(必須)

Q092
☑☑☑

衣類を脱がすときは、熱傷面に付着している衣類は残して、その周囲の部分だけを切り取る。

Q093
☑☑☑

45℃程度の熱源への長時間接触による低温熱傷は、一見、軽症に見えても熱傷深度は深く難治性の場合が多い。

Q094
☑☑☑

火傷が体表面の面積の5%に達すると、非常に危険な状態であるといわれている。

Q095
☑☑☑

高温のアスファルトやタールが皮膚に付着した場合は、水をかけて冷やしたりせず、早急に皮膚から取り除く。

試験合格 への道! 200〜201ページを参考に、骨折の分類とそれぞれの程度などの特徴を覚えておきましょう。

A088 脊髄損傷が疑われる場合は、負傷者を**硬い板**の上に乗せて搬送し、**脊柱**が曲がらないように注意をする。

 A089 熱傷はⅠ度が一番軽く、皮膚が**赤く**なりヒリヒリ痛む。Ⅱ度は**水疱**ができ、強い痛みや**灼熱感**を伴う。Ⅲ度は皮膚が**深度**まで熱傷になった状態で、皮膚は**白**っぽくなり、ただれや**組織壊死**を起こす。

 A090 熱傷で水疱ができたとき、その水疱は**破ってはならない**。

 A091 熱傷の手当ての際は、**冷やし**続けることによる低体温に留意する。低体温症とは、直腸温度が**35**℃以下になることをいう。

 A092 熱傷面に付着している**衣類**は、無理にはがそうとしてはならない。

 A093 **低温熱傷**は、熱傷深度は深く**難治性**の場合が多い。低温熱傷の例として、使い捨てカイロ、湯たんぽなどによるものがある。

 A094 火傷は、体表面積の**20**%に達すると**ショック**症状を起こし、**40**%で生命が危険な状態となる。人の手のひらの大きさひとつ分を約**1**%とする。

 A095 高温のアスファルトやタールが皮膚に付着した場合は、**皮膚**からはがさず、その部分を**水**で冷やさないといけない。

PART **④** 労働衛生(共通)

② 出血、骨折／③ 熱傷(火傷)

 火傷で水疱ができても、水疱を破ってはいけません。

Q096
✓✓✓
化学薬品がかかった場合は、ただちに中和剤により中和した後、水で洗浄する。

Q097
✓✓✓
熱傷部位が広くショックに陥ったときは、寝かせて身体を冷やし、頭部を高くする体位をとらせる。

④心臓発作

Q098
✓✓✓
虚血性心疾患は、狭心症と心筋梗塞とに大別される。

Q099
✓✓✓
虚血性心疾患発症の危険因子には、高血圧、喫煙、脂質異常症などがある。

Q100
✓✓✓
必須
虚血性心疾患は、心筋の一部分に可逆的虚血が起こる狭心症と、不可逆的な心筋壊死が起こる心筋梗塞とに大別される。

Q101
✓✓✓
心筋梗塞では突然激しい胸痛が起こり、「締め付けられるように痛い」「胸が苦しい」などの症状が長時間続き、1時間以上になることもある。

Q102
✓✓✓
運動負荷心電図検査は、心筋の異常や不整脈の発見には役立つが、虚血性心疾患の発見には役立たない。

Q103
✓✓✓
狭心症の痛みの場所は、心筋梗塞とほぼ同じであるが、その発作が続く時間は通常数分程度で、長くても15分以内に治まることが多い。

試験合格への道！ 熱傷はⅢ度が最も重い状態で、身体の組織が壊死した状態などのことです。

A096 化学薬品がかかった場合でも、**中和剤**で**中和**せず、**水**で冷やす。

 A097 熱傷部位が広くショックに陥ったときは、**足を高くする。**

 A098 虚血性心疾患は、**冠状動脈**による心筋への血液の供給が不足したり途絶えたりすることによって起こることも押さえておこう。

 A099 設問のほか、**高血圧性脳症**は、急激な血圧上昇が誘因となり、脳が腫脹する病気で、頭痛、悪心、嘔吐、意識障害、視力障害、けいれんなどの症状がみられることも押さえておこう。

 A100 狭心症とは、胸が締め付けられるような痛み（**狭心痛**）を生じるが、**一過性**で比較的軽症のものをいう。心筋梗塞とは**心筋の壊死**が起きた状態で、死亡率は**35〜50**％とされるほどの重症である。

 A101 心筋梗塞の症状は、突然激しく**胸**に痛みを感じ、**呼吸困難**や**吐き気**、**冷や汗**などを伴うこともある。

 A102 運動負荷心電図検査は運動負荷を加えた状態で心電図の変化をみる検査で、**安静時心電図**では診断が困難な狭心症など、虚血性心疾患などの発見に有用である。

 A103 狭心症は、心臓の血管の一部の**血流が一時的に悪くなる**病気である。

 試験合格への道！ 狭心症は、長くても15分以内で治まる場合が多い発作です。

233

⑤ 脳血管障害

Q104 ☑☑☑
「死の四重奏」といわれる4つの因子で、合併時に深刻な脳・心臓疾患に至るリスクが高まるものは頭痛、高血圧症、狭心症、肝機能障害である。

Q105 ☑☑☑ 必須
脳血管障害は、脳の血管の病変が原因で生じ、出血性病変、虚血性病変などに分類される。

Q106 ☑☑☑ 必須
出血性の脳血管障害は、脳表面のくも膜下腔に出血するくも膜下出血や、脳実質内に出血する脳出血などに分類される。

Q107 ☑☑☑ 必須
脳梗塞は、脳血管自体の動脈硬化性病変による脳塞栓症と、心臓や動脈壁の血栓がはがれて脳血管を閉塞する脳血栓症とに分類される。

Q108 ☑☑☑
脳梗塞や脳出血では、頭痛、吐き気、手足のしびれ、麻痺、言語障害、視覚障害などの症状が認められる。

Q109 ☑☑☑
くも膜下出血の症状は「頭が割れるような」「ハンマーでたたかれたような」と表現される、急激で激しい頭痛が特徴である。

⑥ 窒息

Q110 ☑☑☑
窒息は、気道が閉塞された場合、酸素不足の空気を吸入した場合、有害ガスを吸入した場合等に起こり、意識喪失、けいれん、大小便失禁などがみられる。

Q111 ☑☑☑
埋没者を救出するときは、位置を確認し、頭のほうから先に掘り出す。

脳血栓症と脳塞栓症は似ていて混同しやすい病名です。しっかりと区別して覚えましょう。

A104 ✕

「死の四重奏」といわれる４つの因子は①肥満、②**高血圧症**、③脂質異常症、④**耐糖能異常**である。これらが合併すると深刻な脳・心臓疾患に至るリスクが大きく高まるとされている。

 A105 ◯

脳血管障害の出血性病変には**くも膜下出血**、虚血性病変では**脳梗塞**などがある。

 A106 ◯

出血性の脳血管障害では、脳表面に出血するくも膜下出血では**脳動脈瘤**が、脳実質内に出血する脳出血では**高血圧**が原因となる。

 A107 ✕

虚血性の脳血管障害である脳梗塞は、脳血管自体の動脈硬化性病変による**脳血栓症**と、心臓や動脈壁の血栓がはがれて脳血管を閉塞する**脳塞栓症**とに分類される。

 A108 ◯

設問の通り。なお、脳梗塞や脳出血では、**高血圧症**、**糖尿病**、脂質異常、肥満、**ストレス**などが発病の原因となる。

 A109 ◯

くも膜下出血は突然の激しい頭痛で発症する。**後遺症**が残りやすく、**致死率**も高い。

 A110 ◯

窒息は、問題文にある原因によって、外呼吸または内呼吸が阻害されて、血液中の**ガス交換**ができなくなって、呼吸に障害をきたした状態のことをいう。

 A111 ◯

埋没者とは、土砂崩れや倒壊した建物の下敷きになった者のことをいう。埋没者の**呼吸**を確保するために、埋没した位置を確認して**頭のほうから先に**掘り出す。

PART **④** 労働衛生(共通)

⑤脳血管障害／⑥窒息

 試験合格への道! 脳血管障害の問題は、今後も出題の可能性の高い問題です。症状などをしっかり押さえておきましょう。

労働衛生（有害） 1種 2種

●頻繁に出題されているのは、有害物質による疾病についてです。

●局所排気装置の問題も、ここ数年、よく出題されています。局所排気装置の図と名前が一致するようにしましょう。

●労働衛生（有害）は、関係法令（有害）とも関係しています。それぞれを相互的に学ぶことで、知識の定着につながります。

■1 職業性疾病

1 有害物質の分類と状態 　頻出度 ★★☆

①有害物質の種類 ☑ ☑ ☑

　空気中の有害物質は、**固体**、**液体**、**気体**に分類される。物質の有害性は、その種類のみならず、吸収される量や発生する状態などによって異なる。なかでも、体内への侵入経路が**気道**からの場合は、物質が直接**肺**に達するため、特に有害作用が高い。

CHECK! 有害物質の存在様式

	状態	分類	生成原因と存在例	物質名
存在様式	固体	粉じん	・研磨や摩擦により粒子となったもの。 ・大きな粒の有害性は低く、粒子が小さいほど有害性が高い。 ・アメリカ杉やラワンなどの植物性粉じんも喘息やじん肺の原因となる。	石綿、無水クロム酸、遊離けい酸、ジクロルベンジジン。
		ヒューム	・固体が加熱により溶解し、気化、冷やされて微粒子となったもの。 ・一般に粉じんより小さく、有害性が高い。	酸化亜鉛、酸化カドミウム、酸化鉄、酸化鉛、銅。
	液体	ミスト	液体の微粒子が空気中に浮遊しているもの。	硫酸、硝酸、クロム酸。

得点を上げるゴロ

有害化学物質

ひゅうまの胴上げ、竜さんミスって石は粉々、上機嫌のトリさん。

<u>ヒューム</u>＝銅、<u>硫酸</u>＝<u>ミスト</u>、<u>石綿</u>＝<u>粉じん</u>、<u>蒸気</u>＝<u>トリクロロエチレン</u>

存在様式	気体	蒸気	常温・常圧で液体または固体の物質が<u>蒸気圧</u>に応じて揮発または昇華して気体となっているもの。	<u>トリクロロエチレン</u>、<u>水銀</u>、アセトン、トルエン、<u>硫酸ジメチル</u>。
		ガス	常温・常圧で<u>気体</u>のもの。	<u>塩素</u>、一酸化炭素、<u>ホルムアルデヒド</u>、アンモニア、臭化メチル。

2 有害化学物質による疾病　〔頻出度 ★★★〕

①主な職業性疾病　☑ ☑ ☑

　<u>粉じん</u>や金属、<u>有機溶剤</u>、有毒ガスなどの有害化学物質は人体に影響をもたらし、疾病を引き起こす。

　粉じんによる<u>じん肺</u>は、有害な粉じんの吸入によって肺に線維増殖性変化が起こる疾患であり、肺の機能が失われていく症状である。<u>金属熱</u>は、高温環境下により発症するものではなく、<u>亜鉛</u>や<u>銅</u>などの金属ヒューム吸入によってアレルギー状態になり発症する症状である。

　化学物質の体内への吸収が長時間に及ぶと、ある時点で<u>吸収量</u>と<u>排泄量</u>が等しくなり、それ以上吸収し続けても体内の濃度が上昇しなくなる<u>平衡状態</u>になる。

CHECK! 粉じん、有機溶剤、金属等による主な職業性疾病

	主な原因物質	疾病・症状
粉じん	遊離けい酸(石英などの岩石)	<u>けい肺</u>
	石綿	<u>石綿肺</u>、肺がん、<u>中皮腫</u>
	鉄・アルミニウム化合物など	溶接工肺、アルミニウム肺、鉛じん肺、<u>炭素肺</u>
有機溶剤	ベンゼン	<u>造血器障害</u>、白血病、がん
	二硫化炭素	<u>精神障害</u>、肝障害、腎障害、<u>網膜細動脈瘤</u>、動脈硬化
	メタノール、酢酸メチル	<u>視神経障害</u>
	<u>トルエン</u>	<u>多発性神経炎</u>
	ノルマルヘキサン	<u>多発性神経炎</u>

得点を上げるゴロ 有機溶剤による職業性疾患
増毛を鼓舞する詩人が多発。
造血器障害、網膜細動脈瘤、視神経障害、多発性神経炎

	鉛	貧血、末梢神経障害、腹部のせん痛
金属	水銀	・金属水銀、有機水銀……脳疾患 ・無機水銀……腎臓疾患 　（発がん性なし）
	カドミウム	・急性……上気道炎、肺炎 ・慢性……肺気腫、腎障害 ・門歯・犬歯の黄色環
	クロム	皮膚障害、がん（肺がん、上気道がん）、鼻中隔穿孔
	マンガン	筋のこわばり、ふるえ、歩行困難
	亜鉛、銅のヒューム吸入	金属熱（発熱や関節痛）
	コバルト、ニッケル、ベリリウム	接触による皮膚障害
	ヒ素	角化症、黒皮症、鼻中隔穿孔
窒息性ガス	一酸化炭素	血液中のヘモグロビンと結合して化学的窒息を起こす
	硫化水素	目や気道の刺激、高濃度では意識消失、呼吸中枢麻痺
	シアン化水素（青酸）	呼吸困難、けいれん ・気道や皮膚からも吸収され、細胞内の呼吸障害を起こす
刺激性ガス	二酸化硫黄	上気道の刺激、歯牙酸蝕症
	二酸化窒素	急性肺水腫、気管支炎
	塩素	咽頭痛、肺水腫
	弗化水素	皮膚炎、肝臓障害、腎臓障害、斑状歯、骨硬化症、低カルシウム血症
その他	塩酸、硫酸、硝酸	歯牙酸蝕症
	酸、アルカリ類	職業性皮膚障害（高濃度では火傷と同様の症状になる）
職業性がん	クロム、タール、石綿、ヒ素	肺がん
	コールタール	皮膚がん、肺がん
	ベンジジン、ベータ-ナフチルアミン	膀胱がん
	ベンゼン、電離放射線	白血病
	塩化ビニル	肝血管肉腫（肝臓がん）

得点を上げる **ゴロ** 刺激性ガスによる職業性疾患
仁王様は歯牙にもかけずに窒素で排水、塩でのどを洗う。
二酸化硫黄＝歯牙酸蝕症、二酸化窒素＝急性肺水腫、塩素＝咽頭痛

有機溶剤の特徴は、以下の通りである。

CHECK! 有機溶剤の特徴

①一般的に空気より重く、揮発性がある。

②脂肪に溶けやすい（脂肪の多い脳に入りやすい）、皮膚や呼吸器、粘膜から吸収される。

③共通する毒性としては、中枢神経系麻痺（頭痛、めまい、意識障害）と、皮膚粘膜刺激作用（皮膚炎）がある。

3　特殊健康診断　　　　　　　　　　　　頻出度 ★★☆

特殊健康診断の実施にあたっては、従事している作業の内容と有害要因へのばく露状況を把握する必要がある。

化学物質の体内への吸収が止まり、体外へ排泄されていくとき、体内濃度が最初の2分の1に減少するまでに要する時間を生物学的半減期という。

CHECK! 特殊健康診断とその特徴

特殊健康診断	特徴
有機溶剤等特殊健康診断	有機溶剤の生物学的半減期は短いので、健康診断時の尿の採取は作業終了直後に行う必要がある。
鉛特殊健康診断	鉛の生物学的半減期は長いので、健康診断時の尿の採取は任意の時期でよい。
振動工具特殊健康診断	振動工具によるレイノー病（白ろう症）は冬に発生する場合が多いので、特殊健康診断の2回のうち1回は冬に行うとよい。
情報機器特殊健康診断	情報機器作業は愁訴先行型なので、問診が重要である。

得点を上げるゴロ 生物学的半減期
滞納半減で西部は元気。
体内濃度が最初の1／2に減少、生物学的半減期

4 化学物質等安全データシート[(M)SDS] 頻出度 ★☆☆

(M)SDSは、すべての作業環境で生じる状況を網羅する情報として提供されるものではないが、職場における**化学物質管理**のための重要な情報の１つである。記載内容は下図の通りで、化学物質に関する重要な情報が記載されている文書であり、閲覧できる者を限定してはならない。

CHECK! (M)SDSの記載内容

| ① 名称 | ② 成分およびその含有量 | ③ 人体に及ぼす作用 | ④ 貯蔵や取り扱い上の注意 |

など

※「③人体に及ぼす作用」としての化学物質の有害性には、**急性毒性**、発がん性、皮膚腐食性、皮膚刺激性、生殖毒性などがある。

(M)SDSの対象となる化学物質等を容器に入れて譲渡・提供する場合は、(M)SDSを交付したとしても、容器には①**名称**、②**成分・含有量**、③**人体**に及ぼす作用、④貯蔵や取り扱い上の注意、⑤表示する者の氏名（法人名）、住所および電話番号、⑥注意喚起語、⑦安定性および反応性、⑧注意を喚起するための**標章**を表示しなければならない。

なお、(M)SDSは**爆発性**などの危険性を有する物質も対象としている。

5 有害エネルギーによる疾病 頻出度 ★★★

高温・寒冷環境、**騒音・振動**、**異常気圧**、**放射線**などの有害エネルギーも、疾病を引き起こす因子となる。

①高温環境 ☑ ☑ ☑

高温の作業現場での重筋作業により発生する症状（**熱射病**、**熱虚脱**、**熱けいれん**）の総称を熱中症という。**熱疲労**、**熱失神**は、旧分類で使用されたものである。

得点を上げる **ゴロ**　(M)SDS記載事項
名声ある人をガンガン聴取中。
名称、成分・含有量、貯蔵や取り扱い上の注意

CHECK! 高温環境による職業性疾病

分類	症状	対処法
熱射病 (日射病)	①高温多湿の環境による<u>体温調節中枢</u>の機能障害。 ②<u>40℃</u>以上の体温、発汗停止、意識障害やけいれん、<u>呼吸困難</u>などの症状。 ※発熱を伴うのは熱射病のみである。	早急に<u>体温を下げる</u>処置が必要。
熱虚脱	①身体の熱を外へ逃そうとして皮膚の血管が<u>拡張</u>するために血液が<u>滞留</u>し、脳への血液の流れが少なくなり、めまいや耳鳴りを起こす状態。 ②<u>体温</u>の上昇はない。 ③<u>心拍数</u>の増加。	涼しい場所で<u>頭を低くして</u>安静にする。
熱けいれん	①高温下での発汗により大量の水分と塩分が失われた状態で、<u>水分</u>だけを補給し塩分を補給しない場合に<u>塩分濃度</u>が低下して、けいれんを起こす。 ②<u>体温</u>の上昇はない。	涼しい場所で<u>塩分</u>を補給する。

なお、高温環境による疾病は、以下のような旧分類法があった。

CHECK! 高温環境による疾病の旧分類

分類	症状	対処法
熱<u>疲労</u>	①多量の発汗に<u>水分・塩分</u>の補給が追いつかず、脱水症状になる。 ②体は冷たい。 ③顔面蒼白、<u>めまい</u>、吐き気、頭痛。	輸液補給と冷却が必要。
熱<u>失神</u>	①脳への血流が瞬間的に<u>減少</u>。 ②体温は<u>正常</u>であることが多い。 ③<u>発汗</u>がみられ、脈拍は徐脈。	

②寒冷　☑ ☑ ☑

寒冷による疾病は季節にかかわらず、冷凍・冷蔵倉庫などの環境が影響する。

得点を上げるコロ　熱けいれん
あせって垂涎、しょーがないから敬礼。
発汗による<u>水分・塩分</u>喪失、塩分濃度が足り<u>ない</u>→熱けいれん

分類	症状
凍傷	組織の凍結壊死。
凍瘡	炎症。俗に<u>しもやけ</u>と呼ばれるもの。
冷房病	<u>室温</u>と<u>外気温</u>との大きな差による風邪、頭痛や生理障害など。

③異常気圧 ☑ ☑ ☑

潜水作業などによる高圧環境での作業や、常圧環境との圧力の変化により影響を受ける。

CHECK! 異常気圧による職業性疾病

分類	症状	原因
<u>加圧</u>**時**	<u>スクイーズ</u>(締め付け)。	不均衡な<u>加圧</u>による。
<u>高圧環境 作業</u>**時**	<u>窒素酔い</u>、炭酸ガス中毒、酸素中毒。	高圧の環境下において、これらのガスが<u>血中</u>に大量に溶け込むことによる。
<u>減圧</u>**時**	減圧症(**チョークス**=胸内苦悶、呼吸困難、神経麻痺、皮膚のかゆみ、関節痛)、肺圧外傷(<u>肺胞破裂</u>など)。	高圧の環境下において、大量に体内組織に吸収されていた<u>窒素ガス</u>が、減圧によって血中で気化し、<u>気泡</u>が血管を詰まらせることによる。

④騒音・振動 ☑ ☑ ☑

騒音性難聴は騒音(**85**dB以上の騒音)に長期間ばく露されたことにより生じる内耳(<ruby>蝸牛<rt>かぎゅう</rt></ruby>の有毛細胞)の機能低下による。騒音性難聴は感音性の難聴で、<u>耳鳴り</u>を伴うことが多い。

騒音障害は、**4,000**Hzの高音から聞こえにくくなるため、初期には気がつきにくい。この聴力低下の型を**C⁵dip(シーゴディップ)**という。

<u>高周波音</u>(高い音)のほうが低周波音(低い音)より難聴になりやすく、騒音下では著しい精神疲労が生じ、自律神経系やホルモンにも影響を与える。

得点を上げる ゴロ 騒音性難聴
騒がしい奴ですが、夜回り減ると聞こえなくなります。
騒音85dB以上、4000Hzから聞こえにくくなる

なお、変動している騒音レベルを一定時間内の**平均値**として表した値を等価騒音レベルという。

CHECK! 音の単位

音に関する単位	内容
Hz（ヘルツ）	音の**周波数**を表す……高低
dB（デシベル）	音の**強さ**（騒音レベル）を表す……音圧

振動による主な職業性疾病には**レイノー病**がある。レイノー現象は、さく岩機やチェーンソーなどの**振動工具**の長時間使用による局所振動障害の１つで、**冬季**に発生しやすい。

⑤**放射線** ☑ ☑ ☑

放射線には**電離**放射線、**非電離**放射線がある。

電離放射線とは電離作用を有する放射線のことをいい、**エックス**線、**ガンマ**線、**アルファ**線、**ベータ**線などと区分される。非電離放射線は、電離作用のない放射線のことをいう。

CHECK! 電離放射線と非電離放射線による職業性疾病

	種類	症状
電離	**ガンマ**線（コバルト60、イリジウム192など）	・早期障害……**造血器障害**（白血病を除く）、消化管障害、中枢神経系障害、皮膚障害など
	エックス線	・晩発障害……**発がん**、**白内障**、白血病、胎児障害
非電離	**紫外線**	**電光性眼炎**、皮膚色素沈着、光線過敏性皮膚炎、皮膚がん
	レーザー光線（波長が単一で一定）	**粘膜熱傷**、失明、網膜熱傷、白内障、皮膚熱傷
	赤外線	**白内障**、皮膚熱傷、熱中症
	マイクロ波（赤外線より長い波長）	**組織壊死**、深部組織発熱、白内障

得点を上げる
ゴロ

レイノー病
例の神童、冬季に生まれる。
レイノー病は振動工具の使用が原因で、冬季に発生しやすい

CHECK! 波長の長さ

短 ────────────────────────────→ 長

| 紫外線 | 可視光線 | 赤外線 | マイクロ波 |

---

2 作業環境管理

1 作業環境測定　　　　　　　　頻出度 ★★★

①作業環境測定と評価、改善の流れ　☑☑☑

作業環境測定とは、作業環境の実態を把握するため空気環境などの作業環境について行うデザイン、サンプリングおよび分析、評価をいう。

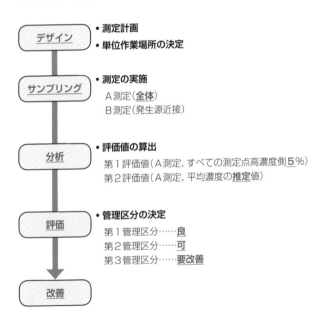

デザイン
- 測定計画
- 単位作業場所の決定

サンプリング
- 測定の実施
  A測定（**全体**）
  B測定（発生源近接）

分析
- 評価値の算出
  第1評価値（A測定、すべての測定点高濃度側**5**％）
  第2評価値（A測定、平均濃度の**推定値**）

評価
- 管理区分の決定
  第1管理区分……**良**
  第2管理区分……**可**
  第3管理区分……**要改善**

改善

得点を上げる ゴロ　波長（短→長）
市街の河岸（かし）の遺跡にママ行く、長旅。
紫外線→可視光線→赤外線→マイクロ波の順に長くなる

	定義	
デザイン	単位作業場所	測定を行う作業場所の区分のうち、労働者の作業中の行動範囲、有害物の分散状況などに基づき定められる区域のこと。
	管理濃度	単位作業場所の作業環境の良否を判断する際に、管理区分を決定するための指標として定められたもの。
サンプリング	A測定	単位作業場所における有害物質の空気中の濃度について、平均的な状態を把握するための測定。
	B測定	発生源に近接する位置において、労働者がばく露し得る最高濃度を把握するための測定。
分析	第1評価値	単位作業場所において、すべての測定地点における気中有害物質濃度の実測値を母集団として、分布図を描いた場合の高濃度側から、面積で5%に相当する濃度の推定値。
	第2評価値	単位作業場所における、気中有害物質濃度の算出平均濃度の推定。

※注意事項

・原材料を反応槽へ投入するなど、間欠的に有害物の発散を伴う作業に従事する労働者のばく露状態は、B測定の実施結果のほうが正しく評価できる。

・A測定とB測定の結果を総合的に判断して評価するが、2つの評価が異なるときはいずれか悪いほうの評価を採る。

・原則として連続した2作業日での測定が必要。やむを得ず1作業日のみ作業環境測定をする場合の評価は、2作業日の測定に比べて厳しい判定基準となる。

②作業環境測定結果の評価方法　☑ ☑ ☑

サンプリングにおける測定の方法により、評価方法が以下のように変わる。

（1）A測定のみを実施した場合

第1管理区分	第1評価値 ＜ 管理濃度
第2管理区分	第2評価値 ≦ 管理濃度 ≦ 第1評価値
第3管理区分	管理濃度 ＜ 第2評価値

得点を上げる
ゴロ
第1評価値
豪農の釜が木っ端みじん。
全体の中で高濃度側から5%（の推定値）

（2）A測定およびB測定を実施した場合

A測定 B測定	第1評価値＜ 管理濃度	第2評価値≦ 管理濃度≦第 1評価値	管理濃度＜第 2評価値
B測定値＜管理 濃度	第**1**管理区分	第**2**管理区分	**例2**
管理濃度≦B測 定値≦管理濃度 ×**1.5**	第**2**管理区分 **例1**		
管理濃度×**1.5** ＜B測定値	第**3**管理区分 **例3**		

例1 A測定の第1評価値が管理濃度より低く、B測定の測定値は管理濃度と管理濃度の1.5倍の間にある場合⇒第**2**管理区分となる。

例2 第2評価値（A測定の平均濃度の推定値）が管理濃度より高い場合⇒B測定値の結果に関係なく第**3**管理区分となる。

例3 B測定値が、管理濃度の**1.5**倍を超えている⇒A測定の結果に関係なく第**3**管理区分となる。

2 作業環境測定結果による管理区分　　頻出度 ★★★

①管理区分ごとの措置　☑ ☑ ☑

管理区分によって措置が異なる。第**3**管理区分については、必要な措置を講じた後、その効果を確認するために**作業環境測定・評価**を再度行う。

CHECK! 測定結果による管理区分と講じるべき措置

状態	管理区分	措置
良	第1管理区分	現在の管理の継続的維持に努める。
↓	第2管理区分	施設、設備、作業方法の点検を行い、作業環境を改善するため必要な措置を講じるよう努める（**努力義務**）。
悪	第3管理区分	①施設、設備、作業方法の点検を行い、作業環境を改善するため必要な措置を講じる（**必須義務**）。 ②有効な呼吸用保護具の使用。

　得点を上げる　ゴロ

管理区分の措置
一家の慶事に寿司2カンでドギーバッグ、3時に会してひっそり食べる。
第**1**管理＝継続的維持、第**2**管理＝改善（**努力義務**）、第**3**管理＝改善（**必須義務**）

3 有害物質に対する作業環境改善　頻出度 ★☆☆

①改善の方法 ☑☑☑

作業環境を改善するには、以下のような方法を用いる。

CHECK! 作業環境の改善方法

作業改善方法	作業改善前	作業改善後
有害物質の少ないものへの<u>転換</u>	<u>石綿</u>	ロックウール、ガラス繊維、<u>発泡ポリエチレン</u>
	トリクロロエチレン	<u>界面活性剤</u>
有害物発散の防止	<u>粉じん作業</u>	水分を噴射する<u>湿式工法</u>
有害物質を取り扱う設備の<u>密閉化</u>と<u>自動化</u>	<u>外気と同圧</u>	・<u>密閉化</u> ・外気よりも圧力をわずかに<u>低く</u>する
有害な生産工程の隔離と<u>遠隔操作</u>	<u>同じ場所</u>での作業	・別の建物への移動 ・遠隔操作
排気装置による<u>拡散防止</u>	<u>全体換気</u>装置のみ	・局所排気装置 ・<u>プッシュプル型換気装置</u>
汚染物質の<u>希釈</u>排出	特に設置せず	<u>全体換気</u>による空気の入れ替え
有害エネルギーを発しない、または少ない<u>機械</u>などの採用	<u>ドロップハンマー式杭打機</u>（鋼管などからなる杭を自由落下で打ち込む）	アースオーガー（ドリル式）
作業<u>方法</u>や工程、材料や<u>原料</u>の変更や改良	<u>鋼製</u>ハンマー	<u>合成樹脂製</u>のハンマー
有害エネルギーの<u>隔離</u>	<u>鉄製</u>の遮へい材	鉛製の遮へい材
反射、拡散エネルギーの<u>吸収</u>	<u>ガラス</u>など	<u>コンクリートパネル</u>、グラスウール、穴あきボード

得点を上げる ゴロ 改善方法
無添加はちみつ好きな児童の演奏、角帽の記者が講演会を開催。
<u>転換</u>、<u>発散</u>、<u>密閉・自動化</u>、<u>遠隔操作</u>、<u>拡散防止</u>、<u>希釈</u>、<u>変更・改良</u>　　247

4 局所排気装置

①局所排気装置とは ☑ ☑ ☑

局所排気装置は、有害物質を発生源付近で**吸引**・**除去**し、作業者のばく露を防ぐ装置である。

局所排気装置を設置する場合は、給気量が**不足**すると排気効果が極端に**低下**するので、排気量に見合った給気経路を確保する。**空気清浄**装置を設けた局所排気装置を設置する場合は、**排風機**（ファン）を**清浄**後の空気が通る位置に設けるようにする。

CHECK! 局所排気装置の構成

フード → 吸い込みダクト → 空気清浄装置 → 排風機（ファン） → 排気ダクト → 排気口

局所排気装置の構成

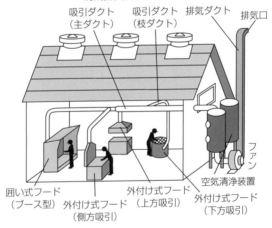

吸引ダクト（主ダクト）　吸引ダクト（枝ダクト）　排気ダクト　排気口

囲い式フード（ブース型）　外付け式フード（側方吸引）　外付け式フード（上方吸引）　外付け式フード（下方吸引）　ファン　空気清浄装置

得点を上げる
ゴロ

局所排気装置
風水で正装、ハイなファンが粋な気功。
フード→吸い込みダクト→空気清浄装置→排風機（ファン）→排気ダクト
→排気口の順

②**フード** ☑ ☑ ☑

発生する有害物を発生源の近くで、高濃度のまま捕捉する吸気口。

CHECK! フードの型と排気効果

排気効果 大 ↑		型	図
	囲い式	**カバー型**	
		グローブボックス型	
		ドラフトチェンバー型	
		建築ブース型	
	外付け式	・**側方吸引型** ・**下方吸引型**	
↓ 小		・**上方吸引型** （レシーバー式： **キャノピ型**）	

 得点を上げる ゴロ フードのタイプ
かっこいいグローブしたカバがドラフト会議見物。
<u>囲い式</u>＝<u>グローブボックス型</u>、<u>カバー型</u>、<u>ドラフトチェンバー型</u>、<u>建築ブース型</u> 249

③排風機（ファン） ☑ ☑ ☑

排風機（ファン）に求められる性能は、制御風速を基に算出する**必要排風量**と静圧によって決定される。

④ダクト ☑ ☑ ☑

フードにより捕捉された有害物を**排気口**へ向かって搬送する管で、断面は**円形**がよいとされる。なお、ダクトの断面積が大きい（太い）と、**圧力損失**は小さくなるが、空気の**流速**が不足するため、ダクト内に粉じんなどが堆積しやすい。また、細すぎたり長すぎたりするもの、長方形のものやベント（曲がり角）の数が多いものほど、**圧力損失**が大きくなる。

5 労働衛生保護具 〔頻出度 ★★☆〕

①主な労働衛生保護具 ☑ ☑ ☑

労働者の**作業**（強度・密度・時間・姿勢・休憩など）を管理し、調和を図ることを目的とする。労働環境や作業方法の改善対策を**補完**するものとして用いられるのが、労働衛生保護具である。

CHECK! 主な呼吸用保護具

	名称	ポイント
ろ過式	**防じんマスク**（**ミスト**、**粉じん**、**ヒューム**といった粒子状物質に有効）。	・防護具に頼りすぎず、**作業環境改善**を第一にする。 ・ろ過式の場合、酸素濃度**18%**未満のところでは使用できない。
	防毒マスク（**ガス**や**蒸気**の気体物質に有効）。	・**防毒マスク**は、ガスの種類別に吸収缶の**色**が異なる。 ・**防毒マスク**は、しめひもを耳にかけたり、顔面との間に**タオル**などをはさんだりしない。
給気式	**送気マスク**、自給式呼吸器。	・ガスや蒸気状の有害物質が粉じんと混在している作業環境中では、**防じん**機能を有する**防毒マスク**を選択する。

得点を上げる ゴロ 呼吸用防護具
未亡人のつぶやき「暴動が酢醤油かけたソーキソバで持久力アップ」。
防じんマスク＝粒子、防毒マスク＝ガス・蒸気、送気マスク、自給式呼吸器

防毒マスクの吸収缶は、対象となるガスによって色が異なる。

CHECK! 防毒マスクの吸収缶の色

対象ガス	色
有機ガス	黒
硫化水素	黄
一酸化炭素	赤
シアン化水素	青

防じんマスク

防毒マスク

自給式呼吸器

送気マスク

②その他の労働衛生保護具 ☑☑☑

呼吸用保護具のほかにも、以下のような労働衛生保護具がある。

CHECK! その他の労働衛生保護具

種　類	形　状
聴覚保護具	耳栓、イヤーマフ（耳覆い）
防熱衣	アルミナイズドクロス製
労働衛生保護衣類	労働衛生保護服、労働衛生保護手袋、労働衛生保護靴
遮光保護具	ヘルメット型、めがね型（有害光線から眼を守る）
保護めがね	めがね（飛散する粒子や薬品から眼を守る）
保護クリーム	クリーム（作業終了後は洗い落とす）

 得点を上げる　ゴロ 吸収缶の色
勇気出して苦労したが、胃下垂できて言った「こりゃあかん」。
有機ガス＝黒、硫化水素＝黄色、一酸化炭素＝赤

Q001
☑☑☑
振動工具の取扱い業務において、その振動工具の周波数補正振動加速度実効値の3軸合成値に応じた振動ばく露時間の制限を行ったり、強烈な騒音を発する場所における作業において、その作業の性質や騒音の性状に応じた耳栓や耳覆いを使用させたりすることは、作業管理に該当する。

Q002
☑☑☑
有機溶剤業務を行う作業場所に設置した局所排気装置のフード付近の吸い込み気流の風速を測定したり、有害な化学物質を取り扱う設備を密閉化することは、作業環境管理に該当する。

Q003
☑☑☑
有害物質とその常温・常圧の空気中における状態の組み合わせとして、塩化ビニル＝ガスは正しい。

Q004
☑☑☑
有害物質とその常温・常圧の空気中における状態の組み合わせとして、二硫化炭素＝蒸気は正しい。

Q005
☑☑☑
有害物質とその常温・常圧の空気中における状態の組み合わせとして、硫酸ジメチル＝粉じんは正しい。

Q006
☑☑☑
有害物質とその常温・常圧の空気中における状態の組み合わせとして、ジクロルベンジジン＝粉じんは正しい。

Q007
☑☑☑
有害物質とその常温・常圧の空気中における状態の組み合わせとして、臭化メチル＝粉じんは正しい。

 236～237ページの表「有害物質の存在様式」を確認し、有害物質が空気中にどのような状態で存在しているかを覚えましょう。

A001
作業管理とは、作業強度、密度、作業時間・作業量・作業方法・作業姿勢などを**適正化**したり、**保護具**を着用して労働者への負荷を少なくすることをいう。

A002
作業環境管理とは、作業環境中の有機溶剤や粉じんなどの有害因子の状態を把握し、職場の環境をできる限り良好な状態に**維持**、**管理**することをいう。

A003
常温・常圧の状態で気体であるものを**ガス**という。常温・常圧でガスであるものには、**硫化水素**、**塩素**、**塩化ビニル**、**アンモニア**、**ホルムアルデヒド**、**二酸化硫黄**などがある。

A004
蒸気とは、常温・常圧で**液体**または**固体**である物質が蒸気圧に応じて**揮発**または**昇華**して**気体**となるものをいう。**二硫化炭素**のほか、**アセトン**、**ニッケルカルボニル**、**水銀**、**トルエン**、**フェノール**、**アクリロニトリル**などがある。

A005
硫酸ジメチルは常温・常圧で**蒸気**である。**蒸気**とは、常温常圧で液体または固定の物質が蒸気圧に応じて揮発または昇華して気体になっているものをいう。

A006
粉じんとは、固体に**研磨**、切削、粉砕などの機械的な作用を加えると発生する、空気中に**浮遊**している**固体微粒子**をいう。粉じんにはほかに、**石綿**、無水クロム酸などがある。

A007
臭化メチルは**ガス**である。

有害物質は形状の小さなもののほうが体内の奥深くへ入り込むので、有害性が高くなります。

Q008
☑☑☑
ヒュームより微細な固体の粒子で、空気中に浮遊しているものをミストという。

Q009
☑☑☑
気体(たとえば金属の蒸気)が空気中で凝固し、化学変化を起こして、固体の微粒子となって空気中に浮遊しているものをヒュームという。

Q010
☑☑☑
危険性または有害性等の調査(リスクアセスメント)等に関する指針(以下「指針」という)によれば、リスクアセスメントの基本的手順のうち最初に実施するのは、リスクアセスメント対象物による危険性または有害性を特定することである。

Q011
☑☑☑
指針によれば、ハザードは、労働災害発生の可能性と負傷または疾病の重大性(重篤度)の組み合わせであると定義される。

Q012
☑☑☑
指針によれば、健康障害に係るリスクの見積もりは、「リスクアセスメント対象物により当該労働者の健康障害を生ずるおそれの程度(発生可能性)」および「当該健康障害の程度(重篤度)」を考慮して行う方法がある。

Q013
☑☑☑
指針によれば、リスクアセスメント対象物への労働者のばく露の程度および当該リスクアセスメント対象物による有害性を相対的に尺度化し、それらを縦軸と横軸とし、あらかじめばく露の程度および有害性の程度に応じてリスクが割り付けられた表を使用する方法は、リスクアセスメント対象物による疾病に係るリスクを見積もる方法として適切である。

ミストには「〇〇酸」とつく有害物質、ヒュームには「酸化〇〇」とつく有害物質が多くあります。

A008

ミストとは、**液体**の微細な粒子で、**空気**中に浮遊しているものをいう。

A009 ○

ヒュームとは固体が加熱により溶解し、気化されて固体の微粒子となり、空気中に**浮遊**しているものをいう。

A010 ○

危険性または有害性等の調査(**リスクアセスメント**)の流れは、①リスクアセスメント対象物による**危険性**または**有害性の特定**、②**リスクの見積もり**、③リスクを低減するための優先度の設定、およびリスク低減措置の内容の検討、④リスク低減措置の実施、⑤結果等の記録および保存並びに労働者への周知となる。

A011 ✕

各作業における**危険性**または**有害性**をハザードという。設問の「負傷や疾病の重篤度」と「労働災害が発生する可能性の度合い」の組み合わせは、リスクというので誤り。

A012 ○

リスクの見積もりについては、設問の**マトリクス法**や、発生可能性と重篤度を一定の尺度で数値化し、それらを加算または乗算などする**数値法**、発生可能性と重篤度を段階的に分岐する**枝分かれ法**、ILOの化学物質リスク簡易評価法(コントロール・バンディング)を用いる方法等がある。

A013 ○

リスクの見積もりについて「ばく露の程度」および「有害性の程度」を考慮する方法には、設問の①あらかじめ尺度化した表を使用する方法、②**実測値**による方法(作業環境測定などによって測定した気中濃度などを、そのリスクアセスメント対象物の**ばく露限界**と比較。この方法が望ましい)、③**使用量**などから推定する方法(数理モデルを使用して気中濃度を測定し、ばく露限界と比較)がある。

 試験合格への道！ Q008は「気体物質と粒子状物質に分類される」と出題された年もありましたが、有害物質の形態は基本的に固体、液体、気体で覚えましょう。

Q014

リスクアセスメント対象物による疾病のリスクの低減措置を検討する場合、優先度の高い順に並べると①危険性または有害性のより低い物質への代替→②リスクアセスメント対象物に係る機械設備等の密閉化、局所排気装置の設置等の衛生工学的対策→③作業手順の改善、立ち入り禁止等の管理的対策→④リスクアセスメント対象物の有害性に応じた有効な保護具の選択および使用、となる。

Q015

「指針」によれば、リスクアセスメント対象物による健康障害に係るリスクについて、労働者のばく露濃度を測定し、結果を厚生労働省の「作業環境評価基準」の「管理濃度」と比較する見積もり方法が確実性が高い。

②有害化学物質による疾病

Q016

作業環境中の化学物質が体内に吸収される経路で最も重要視する必要があるのは、吸入による経路である。

Q017

体内に吸収された化学物質の多くは、肝臓などで分解、抱合などの多様な化学変化を受け、代謝物となって排泄される。

Q018

化学物質の体内への吸収が止まって体外へ排泄されていくとき、体内濃度が最初の2分の1に減少するまでに要する時間を物理的半減期という。

Q019

有機溶剤であるメタノールによる障害として顕著なものは、網膜細動脈瘤を伴う脳血管障害である。

Q020

有機溶剤による高濃度ばく露による急性中毒では、中枢神経系抑制作用により酩酊状態をきたし、重篤な場合は死に至る。

試験合格への道！ 有害物質の体内への吸収には、呼吸による吸収や皮膚・粘膜からの吸収があります。

A014 ○

なお、指針によれば、リスクアセスメントの実施に当たっては、**安全データシート(SDS)**、**作業標準**、**作業手順書**、**作業環境測定結果など**の資料を入手し、その情報を活用するものとされている。

 A015 ×

リスクアセスメント対象物による健康障害に係るリスクについては、リスクアセスメント対象物への労働者のばく露濃度を測定し、測定結果を厚生労働省の「作業環境評価基準」に示されている「**ばく露限界**」と比較することにより見積もる方法が確実性が高い。

 A016 ○

有機溶剤や粉じんは、吸入により肺の奥深く吸い込まれていく。また、吸入により、鼻や喉の**粘膜**から吸収され全身へ回る。

 A017 ○

設問の通り。肝臓への負担が大きくなると、**肝臓障害**を起こすおそれがある。

 A018 ×

化学物質の体内濃度が最初の**2分の1**に減少するまでに要する時間を**生物学的半減期**という。**有機溶剤**は生物学的半減期が**短く**、鉛は**長い**ことも押さえておこう。

 A019 ×

メタノールによる障害として顕著なものは、**視神経**障害や**精神神経**障害などである。

 A020 ○

低濃度ばく露の繰り返しによる慢性中毒では、**頭痛**、**めまい**、**記憶力減退**、**不眠**などがみられることも押さえておこう。

 試験合格への道!　有機溶剤については、疾病・症状だけでなく、239ページを参考にその特徴も覚えておきましょう。

Q021
☑☑☑
必須

有機溶剤の蒸気は空気より重く、呼吸器から吸収されやすいが、皮膚から吸収されることはない。

Q022
☑☑☑

有機溶剤であるノルマルヘキサンのばく露の生物学的モニタリングの指標としての尿中代謝物は、2,5-ヘキサンジオンである。

Q023
☑☑☑

トルエンのばく露の生物学的モニタリングの指標としての尿中代謝物は馬尿酸である。

Q024
☑☑☑

有機溶剤は脂溶性で、皮膚や粘膜から吸収されやすいが、アセトンなど水溶性と脂溶性を併せ持つものは吸収されにくい。

Q025
☑☑☑

有機溶剤には、肝臓障害や腎臓障害を起こすものがある。

Q026
☑☑☑

有機溶剤には発火性と引火性があり、ハロゲン化炭化水素は特に燃えやすい。

Q027
☑☑☑

じん肺は、粉じんを吸入することによって肺に生じた炎症性病変を主体とする疾病で、その種類には、けい肺、間質性肺炎、慢性閉塞性肺疾患(COPD)などがある。

Q028
☑☑☑

けい肺は鉄やアルミニウムなど、金属粉じんによる肺の線維増殖性変化を主体とする疾病で、けい肺結節という線維性の結節が形成される。

じん肺は、吸った物質で病名が変わります。237〜238ページの表を参考に、物質名と病名をセットで覚えておきましょう。

A021

有機溶剤の蒸気は空気より重く、呼吸器から吸収されやすいという記述は正しいが、有機溶剤は、**皮膚**や**粘膜**からも吸収されるので誤りである。

 A022

ノルマルヘキサンは、代謝されて**2,5-ヘキサンジオン**となり、末梢神経障害を生じる。代謝物である尿中の2,5-ヘキサンジオンは、**生物学的モニタリングの指標**として利用される。

 A023

設問以外に、尿中代謝物などの組み合わせとして**鉛**(デルタアミノレブリン酸)、**スチレン**(尿中マンデル酸)、**テトラクロロエチレン**(トリクロロ酢酸)を押さえておこう。

 A024

有機溶剤では、脂溶性のものだけでなく、水溶性と**脂溶**性とを併せ持つものも**皮膚**や粘膜から吸収される。

 A025

設問のほかに、有機溶剤による皮膚または粘膜の症状として、**皮膚の角化**、**結膜炎**などがあることも押さえておこう。

 A026

ハロゲン化炭化水素は、**難燃性**(燃えにくい性質)である。

 A027

じん肺とは、ある種の粉じんを吸入することによって肺の組織が**線維化**する疾患で、**けい肺**、**石綿肺**などがある。

 A028

けい肺は、**遊離けい酸**を吸入した場合に発症する。じん肺では、**鉄**は溶接工肺、**アルミニウム**はアルミニウム肺(アルミナ肺)、**炭素**は炭素肺と、吸入した物質によって病名が決まる。

 試験合格への道! 有害物質は頻出度が非常に高いので、単語カードを作成して物質名とその症状、疾病、障害を覚えるとよいでしょう。

Q029
☑☑☑

鉱物性粉じんに含まれる遊離けい酸(SiO_2)は、石灰化を伴う胸膜肥厚や胸膜中皮腫を生じさせるという特徴がある。

Q030
☑☑☑

じん肺がある程度進行しても、粉じんへのばく露を中止すれば、症状がさらに進行することはない。

Q031
☑☑☑

じん肺は肺結核のほか、続発性気管支炎、続発性気胸、原発性肺がんなどを合併することがある。

Q032
☑☑☑

トルエンによる障害として顕著なものは、網膜細動脈瘤を伴う脳血管障害である。

Q033
☑☑☑
必須

酢酸メチルによる健康障害では、視力低下、視野狭窄などがみられる。

Q034
☑☑☑
必須

ノルマルヘキサンによる健康障害では、末梢神経障害などがみられる。

Q035
☑☑☑
必須

二硫化炭素による健康障害として顕著なものは、再生不良性貧血などの造血器障害である。

Q036
☑☑☑

N,N-ジメチルホルムアミドによる健康障害では、頭痛、めまい、肝機能障害などがみられる。

酢酸メチル、メタノールは「メ」がつくから、眼(視神経)の障害に関わる有害物質と覚えましょう。

遊離けい酸を含有している粉じんを吸入することにより起こるのが**けい肺**。その症状は、咳、痰、呼吸困難、倦怠感があり、ひどくなると**呼吸困難**となる。また結核や気管支拡張症、気胸など合併症を引き起こすおそれもある。

じん肺がある程度進行すると、粉じんへのばく露を中止しても肺の**線維化**が進行するといわれている。じん肺の有効な治療方法はまだ確立されていないことも押さえておこう。

じん肺は**肺結核**や**続発性気管支炎**、**続発性気胸**、**原発性肺がん**などを合併し、進行することがある。

トルエン（第2種有機溶剤等）による障害は**皮膚刺激**、中枢神経抑制（**頭痛**、めまい）などである。網膜細動脈瘤を伴う脳血管障害は**二硫化炭素**による症状である。

酢酸メチルのほか、**メタノール**（第2種有機溶剤等）も、視神経障害を起こす。

末梢神経障害のほかには、頭痛、めまい、多発性神経炎などが症状としてみられる。ノルマルヘキサンは**肺**や**皮膚**から吸収されやすいことも押さえておこう。

二硫化炭素（第**1**種有機溶剤等）による中毒では**精神障害**、肝障害、腎障害、動脈硬化、**網膜細動脈瘤**を起こす。

N,N-ジメチルホルムアミド（第**2**種有機溶剤等）による健康障害では頭痛、**めまい**、肝機能障害などの有機溶剤特有の障害がみられる。

有害物質による疾病名はたくさんありますが、繰り返し問題を解くことにより、確実に得点できるようになります。

Q037 鉛中毒では中枢神経系の麻酔作用による頭痛、め
✓✓✓ まい、失神、脂溶性による皮膚炎、角化などの症
(必須) 状がみられる。

Q038 金属水銀中毒の症状には骨軟化症、鼻中隔穿孔が
✓✓✓ ある。

Q039 ベリリウム中毒では溶血性貧血、尿の赤色化など
✓✓✓ の症状がみられる。

Q040 マンガン中毒では指の骨の溶解、肝臓の血管肉腫
✓✓✓ などがみられる。

Q041 クロム中毒では低分子たんぱく尿、歯の黄色色素
✓✓✓ 沈着、視野狭窄などの症状がみられる。

Q042 カドミウムによる急性中毒では上気道炎や肺炎、
✓✓✓ 慢性中毒では肺気腫や腎障害がみられる。

Q043 ヒ素中毒では角化症、黒皮症や鼻中隔穿孔などの
✓✓✓ 症状・障害がみられる。

Q044 一酸化炭素による中毒では、ヘモグロビン合成の
✓✓✓ 障害による貧血や溶血などがみられる。

試験合格
への道！ 鼻中隔穿孔=クロムとヒ素と、まる覚えしましょう。近年、ヒ素の
出題が多くなっています。

A037
鉛中毒でみられるのは貧血、伸筋麻痺、**腹部のせん痛**などの症状。頭痛、めまい、失神と脂溶性による**皮膚炎**、角化などは有機溶剤の特徴的な障害である。

 A038
金属水銀中毒の症状は**脳疾患**である。感情不安定、幻覚などの精神障害や手指のふるえなどがみられる。カドミウムでは**骨軟化症**、クロムやヒ素では**鼻中隔穿孔**がみられる。

 A039
ベリリウム中毒による症状は接触性皮膚炎、気管支炎、**急性肺炎**、結膜炎など。溶血性貧血、尿の赤色化は**ヒ化水素**による症状である。

 A040
マンガン中毒では筋のこわばり、ふるえ、**歩行困難**などがみられる。指の骨の溶解、肝臓の血管肉腫は**塩化ビニル**による障害である。

 A041
クロム中毒では**鼻中隔穿孔**、皮膚障害、肺がん、上気道がんなどがみられる。低分子たんぱく尿、歯への黄色の色素沈着、視野狭窄などは、**カドミウム**による障害である。

 A042
カドミウムによる急性中毒では**上気道炎**や肺炎、慢性中毒では肺気腫や腎障害、**門歯**・**犬歯**の黄色環がみられる。

 A043
ヒ素中毒では角化症、**黒皮症**や鼻中隔穿孔などの症状・障害がみられる。鼻中隔穿孔は、**クロム**にもみられる。

 A044
一酸化炭素は、血液中の**ヘモグロビン**と結合して化学的窒息を起こす。

 試験合格への道! 窒息性ガスでは、一酸化炭素とシアン化水素が多く出題されています。

Q045
☑☑☑
一酸化炭素は空気より重い無色の気体で、刺激性が強く、極めて毒性が強い。

Q046
☑☑☑
一酸化炭素中毒は、血液中のグロブリンと一酸化炭素が強く結合し、体内の各組織が酸素欠乏状態を起こすことにより発生する。

Q047
☑☑☑
一酸化炭素とヘモグロビンとの親和性は、酸素とヘモグロビンとの親和性の200倍以上にもおよぶ。

Q048
☑☑☑
無機水銀による健康障害では、腎障害などがみられる。

Q049
☑☑☑
硫化水素による中毒では、意識消失、呼吸麻痺などがみられる。

Q050
☑☑☑
塩化ビニルによる慢性中毒では、気管支炎、歯牙酸蝕症（しがさんしょくしょう）などがみられる。

Q051
☑☑☑
シアン化水素による中毒では、細胞内の酸素の利用の障害による呼吸困難やけいれんなどがみられる。

試験合格への道！　窒息性ガスは、呼吸麻痺や呼吸困難など、呼吸器への障害が特徴です。

A045 一酸化炭素は、**空気**とほぼ同じ重さである。無色無臭で極めて**毒性**が強く、吸入しても気づかないことが多い。

A046 一酸化炭素中毒では、一酸化炭素が血液中の赤血球に含まれる**ヘモグロビン**と結合し、**化学的窒息**を起こす。症状としては、息切れ、頭痛から始まり、虚脱や意識混濁がみられる。後遺症としては、健忘や**パーキンソン症状**がみられることがある。

A047 「親和性」とは、複数の物質が容易に**結合**する性質や傾向のこと。喫煙者の血液中のヘモグロビンは、非喫煙者と比べて一酸化炭素と結合している割合が**高い**。

A048 無機水銀は、**気道**から吸収されるほか**消化管**からも吸収され、腎障害、**血尿**、**たんぱく尿**、**無尿**などがみられる。

A049 硫化水素による中毒では、ほかに**目**や**気道**の刺激がある。

A050 「塩化ビニル」ではなく「**二酸化硫黄**」であるため誤り。

A051 シアン化水素は青酸とも呼ばれ、無色の気体で**アーモンド臭**があり、**呼吸困難**やけいれんなどの障害を起こす。

Q052
✓✓✓
弗化水素による健康障害では貧血、溶血やメトヘモグロビン形成によるチアノーゼなどがみられる。

Q053
✓✓✓
弗化水素による中毒では、脳神経細胞が侵され、幻覚、錯乱などの精神障害などがみられる。

Q054
✓✓✓
弗化水素による慢性中毒では、骨の硬化、斑状歯などがみられる。

Q055
✓✓✓
塩素による中毒では、再生不良性貧血や溶血などの造血器障害がみられる。

Q056
✓✓✓
二酸化窒素による慢性中毒では、骨の硬化や斑状歯などがみられる。

Q057
✓✓✓
空気中の酸素濃度が15〜16%程度の酸素欠乏症では、一般に頭痛、吐き気などの症状がみられる。

Q058
✓✓✓
ベンゼンによる健康障害では、再生不良性貧血や白血病などがみられる。

Q059
✓✓✓
化学物質とそれにより発症するがん(悪性腫瘍)との組み合わせとして、クロム酸＝皮膚がんは誤りである。

---

266 酸素欠乏の状態については、「関係法令(有害)」の酸素欠乏症等防止規則(131ページ)も確認しましょう。

弗化水素による健康障害では**低カルシウム血症**、皮膚侵食、肝臓障害、腎臓障害、斑状歯、**歯牙酸蝕症**、骨硬化症などがみられる。メトヘモグロビンによるチアノーゼは**ベンジジン**や**アニリン**による障害。

幻覚は**一酸化炭素**や**臭化メチル**、精神障害は**二硫化炭素**による障害である。弗化水素による中毒には、**低カルシウム血症**がある。

弗化水素による中毒には、ほかに**低カルシウム血症**がある。

塩素による中毒では、咽頭痛や**肺水腫**がみられる。再生不良性貧血や溶血などの造血器障害は、**ベンゼン**による障害である。

二酸化窒素による慢性中毒では慢性気管支炎、**急性肺水腫**などがみられる。

空気中の酸素濃度が**18**%未満である状態を、酸素欠乏という。

ベンゼンは発がん性があるが、**健康管理手帳**の交付対象ではないことも押さえておこう。

クロム酸によって発症するがんは、**肺がん**である。そのほか、肺がんを発症する物質には**三酸化ヒ素**、タール、石綿などがある。

試験合格への道！ 「発がん性」の物質については、「関係法令（有害）」の健康管理手帳の交付（125ページ）も確認しましょう。

Q060
☑ ☑ ☑

化学物質とそれにより発症するがん(悪性腫瘍)との組み合わせとして、塩化ビニル=肝血管肉腫は誤りである。

Q061
☑ ☑ ☑

化学物質とそれにより発症するがん(悪性腫瘍)との組み合わせとして、コールタール=皮膚がんは誤りである。

Q062
☑ ☑ ☑

化学物質とそれによって発症するがん(悪性腫瘍)との組み合わせとして、石綿=胸膜中皮腫は誤りである。

③特殊健康診断

Q063
☑ ☑ ☑

有害物の体内摂取量を把握する検査として、代表的なものが生物学的モニタリングである。有機溶剤の場合は生物学的半減期が短いので、有機溶剤等健康診断における有機溶剤代謝物の量の検査においては、採尿の時刻を厳重にチェックする必要がある。

Q064
☑ ☑ ☑
必須

有害業務の配置替えの際に行う特殊健康診断には、業務適性の判断と、その後の業務の影響を調べるための基礎資料を得るという目的がある。

Q065
☑ ☑ ☑

有害物質による健康障害の大部分のものは、急性発症を除き、初期や軽度の場合はほとんど無自覚で、諸検査の結果で早期に発見されることが多い。

Q066
☑ ☑ ☑

特殊健康診断では、対象とする特定の健康障害と類似の他の疾患との判別が、一般健康診断よりも一層強く求められる。

試験合格への道! Q063のような「生物学的モニタリング」についての問題では、穴埋め形式で出題されても対応できるようにしておきましょう。

A060

塩化ビニルにより発症するがんは、**肝血管肉腫**である。

A061

コールタールにより発症するがんは、**皮膚がん**である。

A062

石綿によって発症するがんは、**胸膜中皮腫**や**腹膜中皮腫**の**悪性中皮腫**と、**肺がん**である。

A063

設問の「**生物学的半減期**」とは、化学物質の体内への吸収が止まり、体外へ排泄されていくとき、体内濃度が最初の**2分の1**に減少するまでに要する時間のことである。**トルエン**については尿中の**馬尿酸**を測定し、**鉛**については尿中の**デルタアミノレブリン酸**を測定することも押さえておこう。

A064

特殊健康診断を行う業務には高気圧作業、**放射線**業務、特定化学物質（第1類、第2類）、有機溶剤（一定の場所で行われるもの）、石綿を取り扱う作業などがある。歯科医師による健康診断には**塩酸**、硝酸、硫酸、弗化水素などの業務がある。

A065

有機溶剤による健康障害は、初期には**自覚症状**がないため、**有機溶剤等健康診断**での諸検査が重要となる。

A066

特殊健康診断において適切な健診デザインを行うためには、**作業内容**と**有害要因**へのばく露状況を把握する必要がある。

 有機溶剤等健康診断では、「関係法令（有害）」の特殊健康診断（122ページ）も確認しましょう。

Q067
☑☑☑
必須

情報機器作業にかかる健康診断では、眼科学的検査などとともに、上肢および下肢の運動機能の検査を行う。

Q068
☑☑☑

振動工具取扱い作業者に対する特殊健康診断を1年に2回実施する場合、そのうち1回は冬季に行うとよい。

④化学物質等安全データシート[(M)SDS]

Q069
☑☑☑

(M)SDSでは健康に対する有害性を有する化学物質が対象とされており、爆発性等の危険性を有する物質は対象とされていない。

Q070
☑☑☑
必須

(M)SDSはすべての作業環境で生じる状況を網羅する情報ではないが、職場における化学物質管理のための重要な情報の1つである。

Q071
☑☑☑
必須

(M)SDSに記載する「人体に及ぼす作用」としての化学物質の有害性は、急性毒性、慢性毒性、発がん性に限られている。

Q072
☑☑☑

(M)SDSの対象となる化学物質等を容器に入れて譲渡または提供する場合、(M)SDSを交付すれば名称のみを表示すればよい。

Q073
☑☑☑

(M)SDSの記載内容は、化学物質などの「名称」「成分およびその含有量」「人体に及ぼす作用」「貯蔵または取り扱い上の注意」などの情報である。

試験合格への道！ (M)SDSは、「いつでも」「誰でも」見られるようにしておく必要がある重要な情報です。

A067
上肢および下肢の運動機能の検査ではなく、**上肢**の運動機能の検査を行うので誤り。

 A068
レイノー現象は振動障害に特有の末梢神経障害で、**冬季**に発症しやすい。振動工具取扱い作業者に対する**特殊健康診断**を年に2回実施する場合、そのうち1回は**冬季**に行うとよい。

 A069
（M）SDSは**爆発性**、**発火性**、**引火性**などの危険性を有する物質も対象とされている。

 A070
（M）SDSは、職場における**化学物質管理**のための重要な情報の1つである。

 A071
（M）SDSに記載する「人体に及ぼす作用」としての化学物質の有害性は急性毒性、慢性毒性、**発がん性**のほか、皮膚腐食性・刺激性、**生殖毒性**などがある。

 A072
（M）SDSを交付した場合でも①**名称**、②**成分・含有量**、③人体に及ぼす作用、④**貯蔵**・取り扱い上の注意、⑤表示する者の氏名（法人名）、住所、電話番号、⑥注意喚起語、⑦安定性・反応性、⑧注意喚起のための標章を**表示**しなければならない。

 A073
（M）SDSの記載内容はほかに、**ばく露**および**保護**措置、物理化学的性質などがある。

Q074
☑☑☑
(必須)

(M)SDSは化学物質に関する重要な情報が記載されている文書なので、厳重に保管し閲覧できる者を限定しなければならない。

⑤有害エネルギーによる疾病

Q075
☑☑☑
(必須)

熱虚脱は、暑熱環境下で脳へ供給される血液量が増加したとき、代償的に心拍数が減少することによって生じ、発熱、徐脈、めまいなどの症状がみられる。

Q076
☑☑☑

金属熱は、金属の溶融作業において、高温環境により体温調節中枢が麻痺することにより発生し、長期間にわたる発熱、関節痛などの症状がみられる。

Q077
☑☑☑
(必須)

熱中症の1つで、暑熱な環境下で多量に発汗したとき、水分だけが補給されて血液中の塩分濃度が低下した場合に生じるものは熱けいれんである。

Q078
☑☑☑
(必須)

凍瘡（とうそう）は、皮膚組織の凍結壊死を伴う症状のことである。

Q079
☑☑☑

低体温症では、全身が冷やされて体内温度が25℃以下まで低下したときに発症し、意識消失、筋の硬直などの症状がみられる。

Q080
☑☑☑

振動障害は、チェーンソーなどの振動工具によって生じる障害で、手のしびれなどの末梢神経障害やレイノー現象などの末梢循環障害がみられる。

Q081
☑☑☑
(必須)

減圧症は潜函作業や潜水作業で、高圧下から急激に減圧したときに発症し、皮膚のかゆみ、関節痛、神経の麻痺などの症状がみられる。

試験合格への道! 熱中症のうち、発熱を伴うのは熱射病（日射病）のみです。

A074

(M)SDSは常時作業場の見やすい場所に掲示し、**誰でも**確認できるようにしておかなければならない。

A075

熱虚脱は、身体の熱を外へ逃そうとして皮膚の血管が拡張するため血液が滞留し、脳への血液の流れが**少なくなり**、めまいや失神を起こす状態をいう。

A076

金属熱は、金属の溶融作業などで亜鉛、銅などの**ヒューム**を吸入したときに発生し、悪寒、発熱、関節痛などの症状がみられる。

A077

熱けいれんは、暑熱な環境下で多量に**発汗**したとき、**水分**だけが補給されて血液中の**塩分濃度**が低下した場合に生じる。

A078

凍瘡は、寒冷に伴う炎症のことで、俗にいう**しもやけ**のことである。設問文の症状は**凍傷**である。

A079

低体温症は、直腸温度が**35℃**以下に低下した場合に起こる。

A080

振動による健康障害には、全身振動障害と**局所振動障害**がある。レイノー現象（白指症・白指発作）は、局所振動障害の1つであり、**冬季に発生**しやすい。他覚所見よりも、自覚症状のほうが先行して発症する。

A081

高気圧作業における高圧の影響または高圧環境下から常圧に戻る際の**減圧**の影響により発症する健康障害は、酸素中毒、**炭酸ガス（二酸化炭素）**中毒、窒素酔い、**減圧症**などがある。

試験合格への道！　潜水業務では、浮上したときに症状が出やすくなっています。

Q082
✓✓✓
必須

人が聞くことができる音の周波数は10Hz～30,000Hz程度までで、会話音域は2,000Hz～4,000Hz程度までである。

Q083
✓✓✓

音圧レベルは通常、その音圧と人間が聴くことができる最も小さな音圧(20μPa)との比の常用対数を20倍して求められ、単位はデシベル(dB)で表される。

Q084
✓✓✓
必須

騒音性難聴は初期には気づかないことが多く、また、治りにくいという特徴がある。

Q085
✓✓✓
必須

騒音性難聴による聴力低下は、通常4,000Hz付近から始まり、この聴力低下の型をC⁵dipという。

Q086
✓✓✓

等価騒音レベルは、単位時間(1分間)における音圧レベルを10秒間ごとに平均化した幾何平均値で、変動する騒音レベルの平均値として表した値である。

Q087
✓✓✓

騒音は、自律神経系や内分泌系へも影響を与え、交感神経の活動の亢進や副腎皮質ホルモンの分泌の増加が認められることがある。

Q088
✓✓✓
必須

騒音レベルの測定は、通常、騒音計の周波数補正回路のA特性で行い、その大きさはdB(A)で表示する。

Q089
✓✓✓
必須

赤外線は可視光線よりも波長が長い電磁波で、白内障を起こすことがある。

試験合格への道! 騒音などについては、「労働生理」の感覚器系②聴覚(18～19ページ)も確認しましょう。

人が聞くことのできる振動数は**20〜20,000**Hzで、会話領域の振動数は**500〜2,000**Hzまでであるので誤り。

音圧レベルは、音波の**強弱（音圧）**の物理的な尺度として用いられ、単位は**dB（デシベル）**で表される。

騒音性難聴は、日常会話では自覚しづらい。初期には**4k（4,000）Hz**付近の聴力が低下する。騒音により**内耳**の**蝸牛**の有毛細胞の変性、脱落によって起こり、治りにくい。

騒音性難聴は、通常、会話音域より高い音域（**4,000Hz**付近の高音域）から始まる。この聴力低下の型を、**C⁵dip（シーゴディップ）**という。

等価騒音レベルは、**時間的**に変動する騒音レベルをエネルギー的な**平均値**として表す指標であるので誤りである。

騒音はストレス反応を引き起こし、**自律神経系や内分泌**系へも影響を与える。

さまざまな高さの音を人間にとっての聞こえ方で音圧レベルを補正することを**A特性**による**補正**といい、dB（A）と表される。人間が聞くことができる高さの音は、**20〜20,000**Hzとされている。

赤外線の障害には、ほかに**皮膚熱傷**、熱中症などがある。

試験合格への道！ 波長の長さの順番を押さえましょう。紫外線＜可視光線＜赤外線＜マイクロ波の順です。

Q090
☑☑☑

マイクロ波は赤外線より波長が長い電磁波で、組織壊死を起こすことがある。

Q091
☑☑☑
必須

紫外線は可視光線より波長が短い電磁波で、電光性眼炎を起こすことがある。

Q092
☑☑☑

レーザー光線は赤外線域から紫外線域までの連続的な波長を有し、位相の異なるエネルギー密度の高い光線で、網膜熱傷を起こすことがある。

Q093
☑☑☑

レーザー光線は可視光領域の透過力が強い電磁波で、通常、電離作用を伴う。

Q094
☑☑☑

レーザー光線は一定の波長を持つ位相のそろった電磁波で、強い指向性がある。

Q095
☑☑☑

炉前作業やガラス加工作業では、赤外線のばく露により白内障が発生することがある。

Q096
☑☑☑

ガンマ線はコバルト60、イリジウム192などの放射性同位元素から放出される電磁波で、電離作用があり、白内障を起こすおそれがある。

試験合格への道! 電光性眼炎は、紫外線の障害です。赤外線と混同しないように注意しましょう。

A090

マイクロ波の障害には、ほかに**白内障**、全身照射による**深部発熱**、**局所熱作用**などがある。

 A091

紫外線の障害には、ほかに皮膚色素沈着、**皮膚**がんなどがある。

 A092

レーザー光線は人工的に作られた高エネルギーの電磁波で、波長は**単一**で一定である。レーザー光線の障害として**失明**、**白内障**、網膜熱傷などがある。

 A093

レーザー光線は、**電離作用**は伴わない。

 A094

「指向性」とは、電波などが空間中に放出されるとき、その強度が方向によって異なる性質のこと。レーザー光線は指向性が強く、**エネルギー**密度が高いので、レーザー光路の末端は適切な反射率と耐熱性を持つ拡散反射体や吸収体とする。レーザー光線を皮膚に受けると、熱傷を生じたり衣服が燃えたりするので、レーザー業務に従事する労働者の衣服は皮膚の**露出**が少なく、燃えにくい素材を用いたものとする。

 A095

炉前作業やガラス加工作業では、可視光線よりも波長の長い**赤外線**のばく露により、**白内障**や皮膚熱傷、熱中症を発症することがある。

 A096

ガンマ線は**電離**作用があり、**白内障**を起こすおそれがある。

 試験合格 への道！ レーザー光線による主な症状には、網膜熱傷、失明、白内障、皮膚熱傷などがあります。

Q097
☑☑☑

電離放射線には、電磁波と粒子線がある。

Q098
☑☑☑

エックス線は通常、エックス線装置を用いて発生させる人工の放射線であるが、放射性物質から放出されるガンマ線と同じく電磁波である。

Q099
☑☑☑

電離放射線の被ばくによる白内障は、晩発障害に分類され、被ばく後、半年〜30年後に現れることが多い。

Q100
☑☑☑

電離放射線による中枢神経系障害は、確率的影響に分類され、被ばく線量がしきい値を超えると、発生率および重症度が線量に対応して増加する。

Q101
☑☑☑

窒素ガスで置換したタンク内の空気など、ほとんど無酸素状態の空気を吸入すると徐々に窒息の状態になり、この状態が5分程度継続すると呼吸停止する。

2 作業環境管理／①作業環境測定

Q102
☑☑☑
必須

管理濃度は、有害物質に関する作業環境測定の状態を単位作業場所の作業環境測定結果から評価するための指標として、行政的見地から設定されたものである。

Q103
☑☑☑

作業環境測定を実施する場合の単位作業場所は、労働者の作業中の行動範囲、有害物の分布の状況などに基づいて設定する。

電離放射線の症状は、早期障害と晩発障害とに分かれます。243ページを参考に、それぞれの症状を覚えてください。

A097
〇

電離放射線は、**電離作用**（放射線によって与えられたエネルギーにより、通り道に当たる物質の電子が弾き飛ばされる作用）を有する放射線のことである。

A098
〇

エックス線は**人工**的に作られる**電離放射線**で、紫外線より波長の**短い**電磁波である。電離放射線には、**電磁波**と**粒子線**がある。

A099
〇

晩発障害には、ほかに**発がん**や**白血病**がある。早期障害には、**造血器**障害（白血病を除く）や消化管障害、中枢神経系障害、皮膚障害がある。

A100
✕

電離放射線の被ばくによる影響には、**身体的影響**と**遺伝的影響**がある。身体的影響には被ばく線量が一定のしきい値以上で発現する「**確定的影響**」（脱毛、白内障、中枢神経系障害等）と、しきい値がなく被ばく線量が多くなるほど発生率が高まる「**確率的影響**」（白血病、甲状腺がん等）がある。

A101
✕

ほとんど無酸素状態の空気を吸入すると**徐々に窒息の状態**になるのではなく**即時に窒息状態**となる。またその状態が1分程度継続すると、チェーンストークス（呼吸が徐々に増大と減少を繰り返し、最も減弱したときにしばらく停止しているような周期的な異常呼吸）を起こし、その後呼吸停止する。

A102
〇

管理濃度は、個々の労働者の有害物質への**ばく露限界**を示すものではないことに注意すること。

A103
〇

単位作業場所とは、労働者の作業中の行動範囲、有害物の分布の状況などに基づいて設定された**作業環境測定**のために**必要な区域**のことをいう。

 試験合格への道！ 作業環境測定の問題で問われることが多いのは、246ページの表「A測定およびB測定を実施した場合」の第3管理区分についてです。

Q104
☑☑☑

B測定は、単位作業場所中の有害物質の発生源に近接する場所で作業が行われる場合において、空気中の有害物質の最高濃度を知るために行う測定である。

Q105
☑☑☑
新傾向

A測定における測定点の高さの範囲は、床上100cm以上150cm以下である。

②作業環境測定結果による管理区分

Q106
☑☑☑
必須

A測定の第2評価値およびB測定の測定値がいずれも管理濃度に満たない単位作業場所は、A測定の第1評価値に関係なく第1管理区分になる。

Q107
☑☑☑

B測定の測定値が管理濃度の1.5倍を超えている単位作業場所の管理区分は、A測定の結果に関係なく第3管理区分に区分される。

Q108
☑☑☑

A測定の第2評価値が管理濃度を超えている単位作業場所は、B測定の結果に関係なく第3管理区分に区分される。

Q109
☑☑☑

A測定の第2評価値とは、単位作業場所における気中有害物質の算術平均濃度の推定値である。

Q110
☑☑☑

A測定においては、得られた測定値の算術平均値および算術標準偏差を、また、B測定においてはその測定値そのものを評価に用いる。

 有害物質を取り扱う作業工程で最優先されるべきことは、有害物質を有害性の少ないものへ転換することです。

A104
◯

B測定は、有害物質の発散源から**近いところ**で行われる作業場所や、原材料を反応槽に投入するなど有害物質を**間欠的**に発散させる作業場所での有害物質の**最高濃度**を測定するための方法で、1箇所で測定が行われる。これに対してA測定は、単位作業場所における**有害物質**の濃度の**平均的**な分布を知るために行う測定で、**複数**箇所で行われる。

A105
✕

A測定は単位作業場所のほぼ中央を原点として、縦横**6**m以上ごとに等間隔に線を引き、その交点の「床上**50**cm以上**150**cm以下」の位置を測定点とする。

A106
✕

設問の場合、A測定の第1評価値も**管理濃度**に満たない場合であれば、**第1管理区分**となるが、**A測定**の第1評価値が管理濃度以上の場合は、**第2管理区分**となるので誤りである。

A107
◯

B測定の測定値が**管理濃度**の**1.5倍**を超えている単位作業場所の管理区分は、**第3管理区分**に区分される。**A測定**の結果には関係ない。

A108
◯

A測定の第2評価値が**管理濃度**を超えている単位作業場所は、B測定の結果に関係なく**第3管理区分**となる。

A109
◯

なお、第1評価値とは、単位作業場所において考えられる全測定点の作業時間内の気中有害物質濃度の実現値を母集団として分布図を描いたときに、高濃度側から**5**%に相当する濃度の測定値である。

A110
✕

A測定で用いるのは、得られた測定値の**幾何**平均値および**幾何**標準偏差である。

試験合格への道！ 局所排気装置は日本語に置き換えると理解しやすいです。ドラフト＝引き抜く、チェンバー＝部屋、プッシュ＝押す、プル＝引く。

④局所排気装置

Q111 ☑☑☑

ダクトの形状には円形や角形などがあるが、その断面積を大きくするほど、ダクトの圧力損失が増大する。

Q112 ☑☑☑

フード開口部の周囲にフランジを設けると吸引範囲は広くなるが、所要の効果を得るために必要な排風量は増加する。

Q113 ☑☑☑

空気清浄装置を付設する局所排気装置では、排風機はフードに接続した吸引ダクトと空気清浄装置との間に設ける。

Q114 ☑☑☑

局所排気装置に取り付けるフードの型式は、外付け式の上方吸引型が最も排気効果が高い。

Q115 ☑☑☑ 必須

外付け式フードでは、フード開口面から捕捉点までの距離が大きくなると、捕捉点において吸引される気流の速度が減少する。

Q116 ☑☑☑

外付け式フードのうち、上方吸引型は、側方吸引型や下方吸引型よりも一般的に吸引効果が大きい。

Q117 ☑☑☑ 必須

ドラフトチェンバー型フードは作業面を除き周りが覆われているもので、外付け式フードに分類される。

Q118 ☑☑☑ 必須

ダクトは、曲がり部分をできるだけ少なくするように配管し、主ダクトと枝ダクトとの合流角度は45°を超えないようにする。

試験合格への道! ダクトとは排気口へ向かって搬送する管のことで、断面は円形がよいとされています。

A111 ダクトはその断面積を小さくする（細くする）ほど、**圧力損失**（ダクトの抵抗）が増大する。逆に太すぎると圧力損失は減少するが**搬送速度**が不足する。

 A112 フード開口部の周囲にフランジを設けると吸引範囲は**狭く**なるが、所要の効果を得るために必要な排風量は**減少**する（少ない排風量で所要の効果を上げることができる）。

 A113 空気清浄装置を付設する局所排気装置では、**排風機**は吸引ダクトと空気清浄装置との間ではなく、**清浄した後の空気**が通る位置に設置する。

 A114 局所排気装置に取り付けるフードは、**囲い式カバー**型が最も排気効果が高い。**囲い式カバー型**＞**囲い式建築ブース型**＞**外付けルーバー型**の順で排気効果が大きいとされている。

 A115 外付け式フードには、側方吸引型（**ルーバー型**、**スロット型**）、下方吸引型（**グリッド型**）、上方吸引型（レシーバー式：**キャノピ型**）がある。

 A116 外付け式フードの**上方吸引**型は、**側方吸引**型や**下方吸引**型よりも一般的に吸引効果が**小さ**い。

 A117 ドラフトチェンバー型フードは、**囲い式フード**に分類される。囲い式は、ほかに**カバー型フード**、**グローブボックス型フード**、**建築ブース型フード**があることも押さえておこう。

 A118 圧力損失が大きくならないようにするために、ダクトはできるだけ**短く**、ベンド（曲がり）は**少なく**し、ダクトとダクトの**合流角度は45°を超えない**ようにする。

 試験合格への道！ フードは、有害物の発散源のできるだけ近くで、発散源を囲い、作業に支障が出ないように設置するのがポイントです。

⑤労働衛生保護具

Q119 ☑☑☑
有機ガス用防毒マスクの吸収缶の色は黒色であり、シアン化水素用防毒マスクの吸収缶の色は青色である。

Q120 ☑☑☑
2種類以上の有毒ガスが混在している場合は、そのうち最も毒性の強いガス用の防毒マスクを使用する。

Q121 ☑☑☑
必須
防毒マスクは、顔面と面体との密着性を保つため、しめひもを耳にかけてマスクを固定する。

Q122 ☑☑☑
高濃度の有害ガスに対しては、防毒マスクではなく、送気マスクか自給式呼吸器を使用する。

Q123 ☑☑☑
必須
型式検定合格標章のある防じんマスクでも、ヒュームのような微細な粒子に対しては無効である。

Q124 ☑☑☑
使い捨て式防じんマスクは、面体ごとに、型式検定合格標章の付されたものを使用する。

Q125 ☑☑☑
必須
防じんマスクの手入れの際、ろ過材に付着した粉じんは圧縮空気で吹き飛ばすか、ろ過材を強くたたいて払い落として除去する。

Q126 ☑☑☑
防じんマスクは作業に適したものを選択し、高濃度の粉じんのばく露のおそれがあるときは、できるだけ粉じんの捕集効率が高く、かつ、排気弁の動的漏れ率が低いものを選ぶ。

表示色は、127ページや251ページも参考に、防毒マスクの吸収缶の色と、有機溶剤の区分の色をセットで覚えましょう。

防毒マスクの吸収缶の色は、有機ガスは<u>黒</u>、シアン化水素は<u>青</u>、一酸化炭素は<u>赤</u>、硫化水素は<u>黄</u>である。防毒マスクの吸収缶が除毒能力を喪失するまでの時間を<u>破過</u>時間という。

最も毒性の強いガス用の防毒マスクでも、**ほかの有害ガスに対応できない**ため誤り。また、有害物質が粉じんと混在している場合は、防じん機能を有する防毒マスクを使用する。

防毒マスクは、顔面と面体との密着性を保つため、しめひもを適切に締めるとともに耳にかけるのではなく、**後頭部**で固定する。

高濃度の有害ガスに対しては、安全性の高い**送気マスク**か、**自給式呼吸器**を使用する。

<u>型式検定</u>合格標章のある防じんマスクは、**ヒューム**のような微細な粒子に対しても有効である。

防じんマスクの選択に当たっては、面体、ろ過材などごとに付されている型式検定合格標章により、**型式検定合格品**であることを確認することとされている。

防じんマスクのろ過材に付着した粉じんは**圧縮空気**で吹き飛ばしたり**払い落と**したりするなど、有害物質が再飛散する方法をとってはならない。

設問の通り。なお、防じんマスクは、顔面とマスクの面体との高い密着性が要求される**有害性の高い物質**を取り扱う作業については、**取り替え**式のものを選ぶことも押さえておこう。

試験合格への道！ 防じんマスクは、ヒュームにも有効です。防じん機能を有するマスク、防毒マスクもあることを覚えておきましょう。 285

Q127
☑☑☑
防じんマスクは、有毒ガスの存在する場所や酸素濃度が18%未満の場所では使用してはならない。

Q128
☑☑☑
防じんマスクの面体の接顔部に接顔メリヤスを使用すると、マスクと顔面との密着性がよくなる。

Q129
☑☑☑
防じん機能を有する防毒マスクにあっては、吸収缶のろ過材がある部分に白線を入れてある。

Q130
☑☑☑
新傾向
直結式防毒マスクは、隔離式防毒マスクよりも有害ガスの濃度が低い大気中で使用することができる。

Q131
☑☑☑
電動ファン付き呼吸用保護具とは、環境空気中の有害物質を除去した空気を、装着者へ供給するろ過式呼吸用保護具である。

Q132
☑☑☑
聴覚保護具として、100dB以下の騒音には耳栓が有効であるが、100dBを超える騒音は耳覆い(イヤーマフ)を併用しなければ遮音できない。

Q133
☑☑☑
遮光保護具は、アーク溶接・切断作業、高熱作業等の作業の種類に応じて、適切な遮光番号のものを選定して使用する。

Q134
☑☑☑
保護クリームは、作業中に有害な物質が直接皮膚に付着しないようにする目的で塗布するものである。

呼吸用保護具について、ろ過式には防じんマスク・防毒マスクなどがあり、給気式には送気マスク・自給式呼吸器などがあります。

A127

防じんマスクは、<u>有毒ガス</u>の存在する場所や酸素濃度が<u>18</u>％未満の場所では使用してはならない。有毒ガスや<u>酸素欠乏空気</u>をそのまま吸い込んでしまうことになるため。

 A128 ✕

防じんマスクの面体の接顔部に接顔メリヤスを使用すると、マスクと顔面との密着性が<u>悪く</u>なる。

 A129 ○

防じん機能を有する防毒マスクは、吸収缶のろ過材がある部分に<u>白線</u>を入れることとなっている。平成2年労働省告示第68号において定められている。

 A130 ○

<u>直結式防毒</u>マスクとは、吸収缶が面体に直接つながっているものをいう。<u>隔離式防毒</u>マスクとは面体と吸収缶とが離れていて、連結管で接続されているものをいう。

 A131 ○

電動ファン付き呼吸用保護具は、酸素濃度<u>18</u>％未満の場所では使用できない。<u>送気マスク</u>か<u>自給式呼吸器</u>を使用しなければならない。

 A132 ✕

耳栓と耳覆い（イヤーマフ）の使用は、騒音の<u>大きさ</u>で決められているものではない。どちらを選ぶかは、作業の内容や騒音の<u>性質</u>で決まる。<u>120</u>dB以上では<u>耳栓</u>と<u>耳覆い</u>との併用が有効である。

 A133 ○

遮光保護具は、溶接や熱切断などから放射される<u>有害光線</u>から<u>眼</u>を保護するために用いられる保護具である。

A134 ○

設問の通りである。したがって、<u>保護クリーム</u>は、作業に就く前に塗布し、作業終了とともに完全に洗い落とさなければならない。

 試験合格への道！ 251ページの表「その他の労働衛生保護具」を参考に、遮光保護具と保護めがねとの違いを覚えておきましょう。

●著者紹介

村中　一英

社会保険労務士法人ガーディアン代表社員。第1種衛生管理者、社会保
険労務士。

本文デザイン／宮嶋 まさ代
　　イラスト／くぼ ゆきお
　編集協力／パケット

本書に関する正誤等の最新情報は下記の URL でご確認下さい。
https://www.seibidoshuppan.co.jp/support

※上記URLに記載されていない箇所で正誤についてお気づきの場合は、書名・発行日・質問事項（ペー
　ジ数、問題番号等）・氏名・郵便番号・住所・FAX 番号を明記の上、郵送か FAX で成美堂出版ま
　でお問い合わせ下さい。※電話でのお問い合わせはお受けできません。
※ご質問到着確認後10日前後に回答を普通郵便またはFAXで発送いたします。
※ご質問の受付期限は、2024 年の各試験日の 10 日前必着といたします。

これだけ覚える 第1種・第2種衛生管理者 '24年版

2024年4月1日発行

著　者	村中一英

発行者	深見公子

発行所	成美堂出版

〒162-8445　東京都新宿区新小川町1-7
電話(03)5206-8151　FAX(03)5206-8159

印　刷	株式会社フクイン

©Muranaka Kazuhide 2024 PRINTED IN JAPAN
ISBN978-4-415-23768-8